Středomořská kuchyně

Vyzkoušejte tyto recepty a objevte tajemství zdraví a dlouhověkosti

Marie Novotná

souhrn

Středozemní pita chléb 9

Hummus Deviled Egg 11

Pohankové muffiny s jablkem a rozinkami 14

Muffiny z dýňových otrub 16

Pohankové podmáslí palačinky 18

Francouzský toast s mandlemi a broskvovým kompotem 19

Berry ovesné vločky se sladkým vanilkovým krémem 21

Čokoláda a jahodový krep 23

Chřest a šunkový quiche 25

Jablečné sýrové koláčky 27

Slanina a vejce 29

Oranžovo-brusinkový muffin 31

14. Pečená zázvorová ovesná kaše s hruškovou polevou 32

Vegetariánská omeleta v řeckém stylu 33

Letní smoothie 35

Šunka a vejce pitas 36

Kuskus k snídani 38

Broskvový Salát K Snídani 40

Solený oves 41

Tahini a jablečný toast 42

Míchaná bazalková vejce 43

Řecké brambory a vejce 44

Smoothie s avokádem a medem 46

Zeleninová omeleta 47

Mini salátové zábaly 49

Kuskus na kari jablko 50

Jehněčí A Zeleniny 51

Platýs s bylinkami 53

Květáková quinoa 54

Smoothie z mangových hrušek 55

špenátová omeleta 56

Mandlové palačinky 58

Ovocný salát z quinoy 60

Jahodové rebarborové smoothie 61

Ječná kaše 62

Perníkové dýňové smoothie 63

Zelená šťáva 63

Smoothie z ořechů a datlí 65

Ovocný koktejl 66

Čokoládové banánové smoothie 67

Jogurt s borůvkami, medem a mátou 68

Parfait s ovocem a jogurtem 69

Ovesné vločky s ovocem a slunečnicovými semínky 70

Rychlé mandlové a javorové zrno 71

Banánové ovesné vločky 73

Snídaňový sendvič 74

Ranní kuskus 76

Smoothie z avokáda a jablek 78

Mini omeleta 79

Ovesné vločky ze sušených rajčat 81

Vejce na avokádu 82

Brekky vejce - bramborová kaše	84
Rajčatová A Bazalková Polévka	86
Dýňový hummus	88
Šunkové muffiny	89
Špaldový salát	90
Borůvky a datle	91
Čočková a čedarová omeleta	91
Sendvič s tuňákem	94
Špaldový salát	95
Salát z cizrny a cukety	97
Provensálský artyčokový salát	99
Bulharský salát	101
Miska falafel salátu	103
Lehký řecký salát	105
Rukolový salát s fíky a vlašskými ořechy	107
Květákový salát s tahini vinaigrette	109
Středozemní bramborový salát	111
Quinoa a pistáciový salát	113
Kuřecí okurkový salát s pikantním arašídovým dresinkem	115
Zeleninová paella	116
Lilek A Rýže Kastrol	118
kuskus se zeleninou	121
Kushari	124
Bulgur s rajčaty a cizrnou	127
Makarony Z Makrely	129
Makarony S Cherry Rajčátky A Ančovičkami	131
Rizoto s citronem a krevetami	133

Špagety se škeblemi 135

Řecká rybí polévka 137

Venušina rýže s krevetami 139

Losos Pennette a vodka 141

Mořské plody carbonara 143

Garganelli s cuketou a krevetovým pestem 145

Lososová rýže 148

Těstoviny s cherry rajčaty a ančovičkami 150

Orecchiette Brokolice A Klobása 152

Rizoto radicchio A Uzená Slanina 154

Těstoviny Alla Genovese 156

Neapolské květákové těstoviny 158

Těstoviny a fazole Pomeranč a fenykl 160

Citronové špagety 162

Kořeněný zeleninový kuskus 163

Kořeněná pečená rýže s fenyklem 165

Marocký kuskus s cizrnou 167

Vegetariánská paella se zelenými fazolkami a cizrnou 169

Česnekové krevety s rajčaty a bazalkou 171

Krevetová paella 173

Čočkový salát s olivami, mátou a sýrem feta 175

Cizrna s česnekem a petrželkou 177

Dušená cizrna s lilkem a rajčaty 179

Řecká rýže s citronem 181

Rýže s aromatickými bylinkami 183

Středomořský rýžový salát 185

Salát z čerstvých fazolí a tuňáka 187

Lahodné kuřecí těstoviny 189
Středomořské tacos 191
Chutné mac a sýr 193
Okurková olivová rýže 195
Aromatické bylinkové rizoto 197
Lahodné těstoviny Primavera 199
Pečený pepř těstoviny 201
Sýr Bazalka Rajčatová Rýže 203
Těstoviny s tuňákem 205
Smíšené sendviče avokádo a krůtí 207
Kuře s okurkou a mangem 209
Fattoush - chléb z Blízkého východu 211
Focaccia z bezlepkového česneku a rajčat 213
Grilovaný burger s houbami 215
Středomoří Baba Ghanoush 217

Středozemní pita chléb

Doba přípravy: 22 minut
Čas na vaření: 3 minuty
Porce: 2
Úroveň obtížnosti: snadná

Ingredience:

- 1/4 šálku sladké červené papriky
- 1/4 šálku nakrájené cibule
- 1 šálek náhražky vajec
- 1/8 lžičky soli
- 1/8 lžičky pepře
- 1 rajče nakrájené na malé kousky
- 1/2 šálku čerstvého natrhaného baby špenátu
- 1-1/2 lžičky nasekané čerstvé bazalky
- 2 celé pity
- 2 lžíce rozdrobeného sýra feta

Indikace:

Potřete malou nepřilnavou pánev sprejem na vaření. Na středním plameni míchejte 3 minuty cibuli a červenou papriku. Přidejte náhražku vajec a dochuťte solí a pepřem. Míchejte, dokud neztuhne. Smíchejte nakrájený špenát, nakrájená rajčata a nasekanou bazalku. Nalijte přes focacciu. Doplňte zeleninovou směs vaší vaječnou směsí. Posypeme rozdrobeným sýrem feta a ihned podáváme.

Výživa (na 100 g): 267 kalorií 3 g tuku 41 g sacharidů 20 g bílkovin 643 mg sodíku

Hummus Deviled Egg

Doba přípravy: 10 minut
Čas na vaření: 0 minut
Porce: 6
Úroveň obtížnosti: snadná

Ingredience:

- 1/4 šálku nakrájené okurky
- 1/4 šálku jemně nakrájených rajčat
- 2 lžičky čerstvé citronové šťávy
- 1/8 lžičky soli
- 6 oloupaných natvrdo uvařených vajec, podélně rozpůlených
- 1/3 šálku pečeného česnekového hummusu nebo jakékoli chuti hummusu
- Nasekaná čerstvá petrželka (volitelně)

Indikace:

Smíchejte rajčata, citronovou šťávu, okurku a sůl a poté jemně promíchejte. Z rozpůlených vajec vyškrábněte žloutky a uschovejte pro pozdější použití. Do každé půlky vejce naberte vrchovatou lžičku humusu. Navrch dejte petrželku a 1/2 lžičky rajčatovo-okurkové směsi. Ihned podávejte

Výživa (na 100 g): 40 kalorií 1g tuku 3g sacharidů 4g

Míchaná vejce z uzeného lososa

Doba přípravy: 2 minuty

Čas na vaření: 8 minut

Porce: 4

Stupeň obtížnosti: střední

Ingredience:

- 16 uncí náhražky vajec, bez cholesterolu
- 1/8 lžičky černého pepře
- 2 lžíce nakrájené zelené cibulky, vrchy si ponechte
- 1 unce studeného nízkotučného smetanového sýra, nakrájeného na 1/4-palcové kostky
- 2 unce vloček uzeného lososa

Indikace:

Studený smetanový sýr nakrájejte na ¼-palcové kostky a dejte stranou. Ve velké míse rozšlehejte náhražku vajec a pepř. Potřete nepřilnavou pánev sprejem na vaření na středním ohni. Vmíchejte náhražku vajec a vařte 5 až 7 minut nebo dokud nezačne tuhnout, za občasného míchání a seškrabávání dna pánve.

Vmíchejte smetanový sýr, zelenou cibulku a lososa. Pokračujte ve vaření a míchejte další 3 minuty nebo jen tak dlouho, dokud nejsou vejce stále vlhká, ale provařená.

Výživa (na 100 g): 100 kalorií 3 g tuků 2 g sacharidů 15 g bílkovin 772 mg sodíku

Pohankové muffiny s jablkem a rozinkami

Doba přípravy: 24 minut
Čas na vaření: 20 minut
Porce: 12
Stupeň obtížnosti: střední

Ingredience:

- 1 hrnek univerzální mouky
- 3/4 šálku pohankové mouky
- 2 lžíce hnědého cukru
- 1 a půl lžičky prášku do pečiva
- 1/4 lžičky jedlé sody
- 3/4 šálku podmáslí se sníženým obsahem tuku
- 2 lžíce olivového oleje
- 1 velké vejce
- 1 šálek čerstvých jablek nakrájených na kostičky, oloupaných a zbavených jádřinců
- 1/4 šálku zlatých rozinek

Indikace:

Připravte troubu na 375 stupňů F. Vyložte 12-hrnkovou formu na muffiny nepřilnavým sprejem na vaření nebo papírovými pouzdry. Odložit stranou. Smíchejte všechny suché ingredience v míse. Odložit stranou.

Tekuté ingredience vyšleháme do hladka. Tekutou směs přelijte do moučné směsi a míchejte, dokud nezvlhne. Přidejte na kostičky nakrájená jablka a rozinky. Každý košíček na muffiny naplňte směsí asi do 2/3. Vařte do zlatohněda. Použijte test párátkem. Sloužit.

Výživa (na 100 g): 117 kalorií 1g tuku 19g sacharidů 3g bílkovin 683mg sodíku

Muffiny z dýňových otrub

Doba přípravy: 20 minut
Čas na vaření: 20 minut
Počet porcí: 22
Stupeň obtížnosti: střední

Ingredience:

- 3/4 šálku univerzální mouky
- 3/4 hrnku celozrnné mouky
- 2 lžíce cukru
- 1 polévková lžíce prášku do pečiva
- 1/8 lžičky soli
- 1 lžička koření na dýňový koláč
- 2 šálky cereálií se 100% otrubami
- 1 a půl hrnku odstředěného mléka
- 2 bílky
- 15 uncí x 1 plechovka tykve
- 2 lžíce avokádového oleje

Indikace:

Předehřejte troubu na 400 stupňů Fahrenheita. Připravte si formu na 22 muffinů a vyložte ji nepřilnavým sprejem na vaření.
Smíchejte první čtyři ingredience, dokud se nespojí. Odložit stranou.

Pomocí velké mísy smíchejte mléko a cereálie s otrubami a nechte 2 minuty odležet, nebo dokud cereálie nezměknou. Do směsi otrub přidejte olej, bílky a dýni a dobře promíchejte. Nalijte moučnou směs a dobře promíchejte.

Těsto rovnoměrně rozdělte do formy na muffiny. Pečte 20 minut. Vyjměte muffiny z formy a podávejte horké nebo vychlazené.

Výživa (na 100 g): 70 kalorií 3 g tuků 14 g sacharidů 3 g bílkovin 484 mg sodíku

Pohankové podmáslí palačinky

Doba přípravy: 2 minuty
Čas na vaření: 18 minut
Porce: 9
Úroveň obtížnosti: snadná

Ingredience:

- 1/2 šálku pohankové mouky
- 1/2 šálku univerzální mouky
- 2 lžičky prášku do pečiva
- 1 lžička hnědého cukru
- 2 lžíce olivového oleje
- 2 velká vejce
- 1 šálek podmáslí se sníženým obsahem tuku

Indikace:

Smíchejte první čtyři ingredience v misce. Přidejte olej, podmáslí a vejce a promíchejte do hladka. Umístěte gril na střední teplotu a postříkejte nepřilnavým sprejem na vaření. Nalijte ¼ šálku těsta do pánve a opékejte 1-2 minuty z každé strany nebo do zlatohnědé. Ihned podávejte.

Výživa (na 100 g): 108 kalorií 3 g tuku 12 g sacharidů 4 g bílkovin 556 mg sodíku

Francouzský toast s mandlemi a broskvovým kompotem

Doba přípravy: 10 minut
Čas na vaření: 15 minut
Porce: 4
Úroveň obtížnosti: snadná

Ingredience:

- <u>Složen:</u>
- 3 polévkové lžíce náhražky cukru, vyrobené ze sukralózy
- 1/3 šálku + 2 polévkové lžíce vody, rozdělené
- 1 1/2 šálku čerstvých oloupaných nebo zmrazených broskví, rozmražených a okapaných, nakrájených na plátky
- 2 lžíce broskvové pomazánky, bez přidaného cukru
- 1/4 lžičky mleté skořice
- <u>Mandlový francouzský toast</u>
- 1/4 šálku nízkotučného (odstředěného) mléka
- 3 polévkové lžíce náhražky cukru, vyrobené ze sukralózy
- 2 celá vejce
- 2 bílky
- 1/2 lžičky mandlového extraktu
- 1/8 lžičky soli
- 4 plátky vícezrnného chleba
- 1/3 šálku nakrájených mandlí

Indikace:

Chcete-li připravit kompot, rozpusťte 3 polévkové lžíce sukralózy v 1/3 šálku vody ve středním hrnci na středně vysokém ohni. Zapracujte broskve a přiveďte k varu. Snižte plamen na střední teplotu a pokračujte ve vaření odkryté dalších 5 minut nebo dokud broskve nezměknou.

Smíchejte zbývající vodu a ovocnou pomazánku a poté do hrnce vmíchejte broskve. Vařte další minutu nebo dokud sirup nezhoustne. Sundejte z plotny a přidejte skořici. Přikryjte, aby zůstaly teplé.

Na přípravu francouzského toastu. Smíchejte mléko a sukralózu ve velké hluboké misce a šlehejte, dokud se úplně nerozpustí. Přidejte bílky, vejce, mandlový extrakt a sůl. Ponořte obě strany plátků chleba do vaječné směsi na 3 minuty nebo do úplného nasáknutí. Obě strany posypte plátky mandlí a pevně přitlačte, aby přilnuly.

Nepřilnavou pánev potřete sprejem na vaření a položte na středně vysokou teplotu. Plátky chleba opékejte na pánvi 2 až 3 minuty z obou stran nebo do světle hnědé barvy. Podáváme přelité broskvovým kompotem.

Výživa (na 100 g): 277 kalorií 7 g tuku 31 g sacharidů 12 g bílkovin 665 mg sodíku

Berry ovesné vločky se sladkým vanilkovým krémem

Doba přípravy: 5 minut
Čas na vaření: Pět minut
Porce: 4
Úroveň obtížnosti: snadná

Ingredience:

- 2 šálky vody
- 1 šálek rychlovarného ovsa
- 1 polévková lžíce náhražky cukru na bázi sukralózy
- 1/2 lžičky mleté skořice
- 1/8 lžičky soli
- <u>Krém</u>
- 3/4 šálku půl na půl bez tuku
- 3 polévkové lžíce náhražky cukru na bázi sukralózy
- 1/2 lžičky vanilkového extraktu
- 1/2 lžičky mandlového extraktu
- <u>Koření</u>
- 1 1/2 šálku čerstvých borůvek
- 1/2 šálku čerstvých nebo mražených a rozmražených malin

Indikace:

Přiveďte vodu k varu a přidejte ovesné vločky. Snižte teplotu na střední a vařte oves odkrytý po dobu 2 minut nebo do zhoustnutí.

Sundejte z plotny a vmíchejte náhražku cukru, sůl a skořici. Ve středně velké míse prošlehejte všechny ingredience smetany, dokud se dobře nespojí. Uvařené ovesné vločky nakrájejte na 4 stejné porce a přelijte sladkou smetanou. Doplňte jahodami a podávejte.

Výživa (na 100 g): 150 kalorií 5 g tuků 30 g sacharidů 5 g bílkovin 807 mg sodíku

Čokoláda a jahodový krep

Doba přípravy: 5 minut
Čas na vaření: 10 minut
Porce: 4
Úroveň obtížnosti: snadná

Ingredience:

- 1 šálek hladké pšeničné mouky 00
- 2/3 šálku nízkotučného mléka (1%)
- 2 bílky
- 1 vejce
- 3 lžíce cukru
- 3 lžíce neslazeného kakaového prášku
- 1 polévková lžíce vychladlého rozpuštěného másla
- 1/2 lžičky soli
- 2 lžičky řepkového oleje
- 3 lžíce jahodové pomazánky
- 3 1/2 šálku rozmražených nebo nakrájených čerstvých jahod
- 1/2 šálku rozmražené odtučněné mražené šlehané polevy
- čerstvé lístky máty (pokud chcete)

Indikace:

Smíchejte prvních osm ingrediencí ve velké míse, dokud nebudou hladké a dobře promíchané.

Potřete ¼ lžičky oleje na malé nepřilnavé pánvi na středním ohni. Nalijte ¼ šálku těsta do středu a míchejte, aby se pánev pokryla těstem.

Vařte jednu minutu, nebo dokud nebude krep neprůhledný a okraje suché. Otočte na druhou stranu a vařte další půl minuty. Postup opakujte se zbývající směsí a olejem.

Naberte ¼ šálku rozmražených jahod do středu palačinky a šlapejte, dokud nebude náplň pokrytá. Navrch dejte 2 lžíce šlehačky a před podáváním ozdobte mátou.

Výživa (na 100 g): 334 kalorií 5 g tuku 58 g sacharidů 10 g bílkovin 678 mg sodíku

Chřest a šunkový quiche

Doba přípravy: 5 minut
Čas na vaření: 42 minut
Porce: 6
Úroveň obtížnosti: snadná

Ingredience:

- 2 1/2-palcové šálky nakrájeného chřestu
- 1 nakrájená červená paprika
- 1 hrnek nízkotučného mléka (1%)
- 2 lžíce hladké pšeničné mouky 00
- 4 bílky
- 1 vejce, celé
- 1 šálek nakrájené vařené šunky
- 2 lžíce estragonu nebo nasekané čerstvé bazalky
- 1/2 lžičky soli (volitelně)
- 1/4 lžičky černého pepře
- 1/2 šálku švýcarského sýra, jemně nasekaného

Indikace:

Předehřejte troubu na 350 stupňů F. Mikrovlnnou papriku a chřest vařte ve lžíci vody na HIGH po dobu 2 minut. Vypusťte. Vmíchejte mouku a mléko, poté přidejte vejce a bílky, dokud se dobře nespojí. Přidejte zeleninu a ostatní ingredience kromě sýra.

Nalijte do 9palcové dortové formy a pečte 35 minut. Quiche posypte sýrem a pečte dalších 5 minut nebo dokud se sýr nerozpustí. Necháme 5 minut vychladnout a poté nakrájíme na 6 klínků a podáváme.

Výživa (na 100 g): 138 kalorií 1 g tuků 8 g sacharidů 13 g bílkovin 588 mg sodíku

Jablečné sýrové koláčky

Doba přípravy: 20 minut
Čas na vaření: 15 minut
Porce: 10
Stupeň obtížnosti: střední

Ingredience:

- 1 hrnek univerzální mouky
- 1 hrnek celozrnné mouky, bílé
- 3 lžíce cukru
- 1 a půl lžičky prášku do pečiva
- 1/2 lžičky soli
- 1/2 lžičky mleté skořice
- 1/4 lžičky jedlé sody
- 1 jablko Granny Smith nakrájené na kostičky
- 1/2 šálku strouhaného ostrého sýra čedar
- 1/3 šálku jablečného pyré, přírodního nebo neslazeného
- 1/4 šálku mléka, odtučněného (odtučněného)
- 3 lžíce rozpuštěného másla
- 1 vejce

Indikace:

Připravte troubu na 425 stupňů F. Připravte plech tak, že jej vyložíte pergamenovým papírem. Všechny suché ingredience smícháme v míse a promícháme. Přidejte sýr a jablko. Odložit stranou. Všechny mokré ingredience smícháme dohromady.

Nalévejte na suchou směs, dokud se nesmíchá a neobrátí se jako lepivé těsto.

Těsto propracujeme na pomoučené ploše asi 5x. Poplácejte a poté natáhněte do 8palcového kruhu. Nakrájejte na 10 diagonálních řezů.

Položte na plech a postříkejte sprejem na vaření. Pečte 15 minut nebo do lehkého zhnědnutí. Sloužit.

Výživa (na 100 g): 169 kalorií 2g Tuky 26g Sacharidy 5g Bílkoviny 689mg Sodík

Slanina a vejce

Doba přípravy: 15 minut
Čas na vaření: 15 minut
Porce: 4
Úroveň obtížnosti: snadná

Ingredience:

- 1 šálek náhražky vajec, žádný cholesterol
- 1/4 šálku parmazánu, nastrouhaného
- 2 plátky kanadské slaniny nakrájené na kostičky
- 1/2 lžičky červené paprikové omáčky
- 1/4 lžičky černého pepře
- 4x7palcové celozrnné tortilly
- 1 šálek listů baby špenátu

Indikace:

Předehřejte troubu na 325 stupňů F. Spojte prvních pět ingrediencí a vytvořte náplň. Nalijte směs do 9palcové skleněné zapékací misky nastříkané sprejem na vaření s máslem.

Vařte 15 minut nebo dokud vejce neztuhnou. Chrlit. Tortilly vložte na minutu do trouby. Upečenou vaječnou směs nakrájíme na čtvrtky. Umístěte čtvrtinu do středu každé tortilly a navrch dejte 1/4 šálku špenátu. Sklopte tortillu zespodu do středu a poté z obou stran do středu, abyste ji uzavřeli. Ihned podávejte.

Výživa (na 100 g): 195 kalorií 3g Tuky 20g Sacharidy 15g Bílkoviny 688mg Sodík

Oranžovo-brusinkový muffin

Doba přípravy: 10 minut
Čas na vaření: 10-25 minut
Porce: 12
Stupeň obtížnosti: střední

Ingredience:

- 1 3/4 šálku univerzální mouky
- 1/3 šálku cukru
- 2 a půl lžičky prášku do pečiva
- 1/2 lžičky jedlé sody
- 1/2 lžičky soli
- 1/2 lžičky mleté skořice
- 3/4 šálku mléka, odtučněného (odtučněného)
- 1/4 šálku másla
- 1 vejce, velké, lehce rozšlehané
- 3 polévkové lžíce rozmraženého koncentrátu pomerančové šťávy
- 1 lžička vanilky
- 3/4 šálku čerstvých borůvek

Indikace:

Předehřejte troubu na 400 stupňů F. Postupujte podle kroků 2 až 5 na muffiny s pohankou, jablky a rozinkami. Košíčky na muffiny naplňte do ¾ směsi a pečte 20 až 25 minut. Nechte 5 minut vychladnout a podávejte horké.

Výživa (na 100 g): 149 kalorií 5 g tuků 24 g sacharidů 3 g bílkovin 518 mg sodíku

14. Pečená zázvorová ovesná kaše s hruškovou polevou

Doba přípravy: 10 minut
Čas na vaření: 15 minut
Porce: 2
Úroveň obtížnosti: snadná

Ingredience:

- 1 šálek staromódního ovsa
- 3/4 šálku mléka, odtučněného (odtučněného)
- 1 vaječný bílek
- 1 1/2 lžičky strouhaného zázvoru, čerstvého nebo 3/4 lžičky mletého zázvoru
- 2 lžíce hnědého cukru, rozdělené
- 1/2 zralé hrušky nakrájené na kostičky

Indikace:

Nastříkejte 2 6-uncové ramekiny nepřilnavým sprejem na vaření. Připravte troubu na 350 stupňů F. Smíchejte první čtyři ingredience a jednu lžíci cukru a poté dobře promíchejte. Nalijte rovnoměrně mezi 2 ramekiny. Doplňte plátky hrušek a zbylou lžící cukru. Pečte 15 minut. Podávejte horké.

Výživa (na 100 g): 268 kalorií 5 g tuků 2 g sacharidů 10 g bílkovin 779 mg sodíku

Vegetariánská omeleta v řeckém stylu

Doba přípravy: 10 minut
Čas na vaření: 20 minut
Porce: 2
Úroveň obtížnosti: snadná

Ingredience:

- 4 velká vejce
- 2 polévkové lžíce odtučněného mléka
- 1/8 lžičky soli
- 3 lžičky olivového oleje, rozdělené
- 2 šálky Portobello baby, nakrájené na plátky
- 1/4 šálku jemně nakrájené cibule
- 1 šálek čerstvého baby špenátu
- 3 lžíce sýra feta, rozdrobený
- 2 lžíce zralých oliv, nakrájené na plátky
- Čerstvě mletý pepř

Indikace:

Smíchejte první tři ingredience. Smíchejte 2 lžíce oleje v nepřilnavé pánvi na středně vysoké teplotě. Smažte cibuli a houby po dobu 5-6 minut nebo do zlatohnědé. Vmícháme špenát a povaříme. Vyjměte směs z pánve.

Na stejné pánvi rozehřejte zbývající olej na středně mírném ohni. Vlijte vaječnou směs a jakmile začne tuhnout, zatlačte okraje směrem ke středu, aby neprovařená směs stékala. Když jikry ztuhnou, nabereme zeleninovou směs na jednu stranu. Posypte olivami a fetou a poté přeložte na druhou stranu, abyste uzavřeli. Nakrájejte na polovinu a posypte pepřem k podávání.

Výživa (na 100 g): 271 kalorií 2 g tuků 7 g sacharidů 18 g bílkovin 648 mg sodíku

Letní smoothie

Doba přípravy: 8 minut
Čas na vaření: 0 minut
Porce: 2
Úroveň obtížnosti: snadná
Ingredience:

- 1/2 banánu, oloupané
- 2 šálky jahod, rozpůlené
- 3 lžíce máty, nasekané
- 1 1/2 šálku kokosové vody
- 1/2 avokáda, vypeckovaných a oloupaných
- 1 datle, nakrájená
- Kostky ledu podle potřeby

Indikace:

Vše smícháme v mixéru a rozmixujeme dohladka. Přidejte kostky ledu pro zahuštění a podávejte vychlazené.

Výživa (na 100 g): 360 kalorií 12 g tuků 5 g sacharidů 31 g bílkovin 737 mg sodíku

Šunka a vejce pitas

Doba přípravy: 5 minut
Čas na vaření: 15 minut
Porce: 4
Úroveň obtížnosti: snadná

Ingredience:

- 6 vajec
- 2 šalotky, mleté
- 1 lžička olivového oleje
- 1/3 šálku uzené šunky, nakrájené
- 1/3 šálku sladké zelené papriky, nasekané
- 1/4 šálku sýra brie
- Mořská sůl a černý pepř podle chuti
- 4 listy salátu
- 2 Pita chléb, celozrnný

Indikace:

Zahřejte olivový olej na pánvi na středním plameni. Přidejte šalotku a zelený pepř a vařte pět minut za častého míchání.

Vezměte misku a rozšlehejte vejce, posypte solí a pepřem. Ujistěte se, že jsou vejce dobře rozšlehaná. Do pánve dejte vejce, poté vmíchejte šunku a sýr. Dobře promícháme a vaříme, dokud směs nezhoustne. Housky rozdělte napůl a otevřete kapsy. Do každé kapsy rozetřete lžičku hořčice a do každé přidejte list salátu. Do každého rozetřete vaječnou směs a podávejte.

Výživa (na 100 g): 610 kalorií 21 g tuku 10 g sacharidů 41 g bílkovin 807 mg sodíku

Kuskus k snídani

Doba přípravy: 5 minut
Čas na vaření: 15 minut
Porce: 4
Stupeň obtížnosti: střední

Ingredience:

- 3 šálky mléka, nízkotučného
- 1 tyčinka skořice
- 1/2 šálku meruněk, sušených a nakrájených
- 1/4 šálku sušeného rybízu
- 1 šálek kuskusu, syrového
- Špetka mořské soli, fajn
- 4 lžičky másla, rozpuštěného
- 6 lžiček hnědého cukru

Indikace:

Zahřejte pánev s mlékem a skořicí na středně vysokou teplotu. Před vyjmutím pánve z ohně vařte tři minuty.

Přidejte meruňky, kuskus, sůl, rybíz a cukr. Dobře promíchejte a poté přikryjte. Nechte stranou a nechte patnáct minut odležet.

Vhoďte tyčinku skořice a rozdělte ji do misek. Před podáváním posypte hnědým cukrem.

Výživa (na 100 g): 520 kalorií 28 g tuků 10 g sacharidů 39 g bílkovin 619 mg sodíku

Broskvový Salát K Snídani

Doba přípravy: 10 minut
Čas na vaření: 0 minut
Porce: 1
Úroveň obtížnosti: snadná

Ingredience:

- 1/4 šálku vlašských ořechů, nasekaných a opečených
- 1 lžička medu, syrového
- 1 broskev, vypeckovaná a nakrájená
- 1/2 šálku tvarohu, bez tuku a pokojové teploty
- 1 lžíce máty, čerstvé a nasekané
- 1 citron, kůra

Indikace:

Vložte ricottu do misky a ozdobte plátky broskve a vlašskými ořechy. Pokapejte medem a ozdobte mátou.

Před podáváním ihned posypte citronovou kůrou.

Výživa (na 100 g): 280 kalorií 11 g tuků 19 g sacharidů 39 g bílkovin 527 mg sodíku

Solený oves

Doba přípravy: 10 minut
Čas na vaření: 10 minut
Porce: 2
Úroveň obtížnosti: snadná

Ingredience:

- 1/2 šálku ocelového řezaného ovsa
- 1 šálek vody
- 1 rajče, velké a nakrájené
- 1 okurka, nakrájená
- 1 lžíce olivového oleje
- Mořská sůl a černý pepř podle chuti
- Plochá petržel, nasekaná na ozdobu
- Parmazán, nízkotučný a čerstvě nastrouhaný

Indikace:

Přiveďte oves a jeden šálek vody k varu pomocí hrnce na vysokou teplotu. Často míchejte, dokud se voda zcela nevstřebá, což bude trvat asi patnáct minut. Rozdělte do dvou misek a přidejte rajčata a okurku. Pokapejte olivovým olejem a ozdobte parmazánem. Před podáváním ozdobte petrželkou.

Výživa (na 100 g): 408 kalorií 13 g tuku 10 g sacharidů 28 g bílkovin 825 mg sodíku

Tahini a jablečný toast

Doba přípravy: 15 minut

Čas na vaření: 0 minut

Porce: 1

Úroveň obtížnosti: snadná

Ingredience:

- 2 polévkové lžíce tahini
- 2 plátky opečeného celozrnného chleba
- 1 lžička medu, syrového
- 1 jablko, malé, zbavené jádřinců a nakrájené na tenké plátky

Indikace:

Začněte tím, že na toast namažete tahini a na něj pak navrstvíte jablka. před podáváním pokapejte medem.

Výživa (na 100 g): 366 kalorií 13 g tuků 9 g sacharidů 29 g bílkovin 686 mg sodíku

Míchaná bazalková vejce

Doba přípravy: 5 minut
Čas na vaření: 10 minut
Porce: 2
Úroveň obtížnosti: snadná

Ingredience:

- 4 vejce, velká
- 2 lžíce čerstvé bazalky, jemně nasekané
- 2 lžíce sýra gruyere, strouhaného
- 1 polévková lžíce smetany
- 1 lžíce olivového oleje
- 2 stroužky česneku, nasekané
- Mořská sůl a černý pepř podle chuti

Indikace:

Vezměte velkou mísu a prošlehejte bazalku, sýr, smetanu a vejce. Šlehejte, dokud se dobře nesmíchá. Vyjměte velkou pánev na středně nízkou teplotu a rozehřejte olej. Přidejte česnek, vařte jednu minutu. Mělo by zezlátnout.

Vaječnou směs nalijte do pánve k česneku a během vaření stále míchejte, aby byly měkké a nadýchané. Dobře osolte a podávejte horké.

Výživa (na 100 g): 360 kalorií 14 g tuků 8 g sacharidů 29 g bílkovin 545 mg sodíku

Řecké brambory a vejce

Doba přípravy: 10 minut
Čas na vaření: 30 minut
Porce: 2
Úroveň obtížnosti: snadná

Ingredience:

- 3 rajčata zbavená semínek a nakrájená nahrubo
- 2 lžíce bazalky, čerstvé a nasekané
- 1 stroužek česneku, nasekaný
- 2 polévkové lžíce + 1/2 šálku olivového oleje, rozdělené
- mořská sůl a černý pepř podle chuti
- 3 červené brambory, velké
- 4 vejce, velká
- 1 lžička oregana, čerstvého a nasekaného

Indikace:

Vezměte kuchyňský robot a vložte do něj rajčata a rozmačkejte je se slupkou.

Přidejte česnek, dvě lžíce oleje, sůl, pepř a bazalku. Tuto směs dejte na pánev a vařte přikryté dvacet až dvacet pět minut na mírném ohni. Vaše omáčka by měla být hustá a bublinková.

Brambory nakrájejte na kostky a poté je na pánvi na středně nízkém ohni smíchejte s ½ šálku olivového oleje.

Brambory opečte dokřupava a do zlatova. To by mělo trvat pět minut, proto pánev přikryjte a snižte teplotu na minimum. Vařte je v páře, dokud nejsou brambory hotové.

Vejce zapracujte do rajčatové omáčky a na mírném ohni vařte šest minut. Vaše vejce by měla být nastavena.

Brambory vyjměte z pánve a osušte je papírovou utěrkou. Dejte je do misky. Posypte solí, pepřem a oreganem, poté podávejte vejce s bramborami. Směsí pokapeme omáčku a podáváme horké.

Výživa (na 100 g): 348 kalorií 12 g tuků 7 g sacharidů 27 g bílkovin 469 mg sodíku

Smoothie s avokádem a medem

Doba přípravy: 5 minut

Čas na vaření: 0 minut

Porce: 2

Úroveň obtížnosti: snadná

Ingredience:

- 1 a půl hrnku sójového mléka
- 1 avokádo, velké
- 2 lžíce medu, syrového

Indikace:

Všechny ingredience spojíme a rozmixujeme do hladka a ihned podáváme.

Výživa (na 100 g): 280 kalorií 19 g tuků 11 g sacharidů 30 g bílkovin 547 mg sodíku

Zeleninová omeleta

Doba přípravy: 5 minut
Čas na vaření: 10 minut
Porce: 2
Úroveň obtížnosti: snadná

Ingredience:

- 1/2 baby lilku, oloupané a nakrájené na kostičky
- 1 hrst listů baby špenátu
- 1 lžíce olivového oleje
- 3 vejce, velká
- 1 lžička mandlového mléka
- 1 unce kozího sýra, rozdrobeného
- 1/4 malé červené papriky, nakrájené
- mořská sůl a černý pepř podle chuti

Indikace:

Začněte tím, že zahřejete mřížku nad troubou, poté rozšleháte vejce spolu s mandlovým mlékem. Ujistěte se, že je to dobře promíchané, a pak vyndejte nepřilnavou pánev odolnou v troubě. Dejte na středně vysokou teplotu a poté přidejte olivový olej.

Jakmile je olej rozehřátý, přidejte vejce. Na tuto směs rozprostřete v rovnoměrné vrstvě špenát a přidejte zbytek zeleniny.

Snižte teplotu na střední a posypte solí a pepřem. Zeleninu a vejce necháme pět minut vařit. Spodní polovina vajec by měla být tuhá a zelenina měkká. Přidejte kozí sýr a opékejte na středním roštu 3 až 5 minut. Vejce by měla být úplně hotová a sýr by se měl roztavit. Nakrájejte na měsíčky a podávejte horké.

Výživa (na 100 g): 340 kalorií 16 g tuků 9 g sacharidů 37 g bílkovin 748 mg sodíku

Mini salátové zábaly

Doba přípravy: 15 minut
Čas na vaření: 0 minut
Porce: 4
Úroveň obtížnosti: snadná

Ingredience:

- 1 okurka, nakrájená na kostičky
- 1 červená cibule, nakrájená
- 1 unce sýra feta, nízkotučného a rozdrobeného
- 1 citron, vymačkaný
- 1 nakrájené rajče
- 1 lžíce olivového oleje
- 12 malých listů ledového salátu
- mořská sůl a černý pepř podle chuti

Indikace:

Smíchejte rajče, cibuli, fetu a okurku v misce. Smícháme olej a šťávu a dochutíme solí a pepřem.

Každý list naplňte zeleninovou směsí a pevně srolujte. Pomocí párátka je při servírování držte pohromadě.

Výživa (na 100 g): 291 kalorií 10 g tuků 9 g sacharidů 27 g bílkovin 655 mg sodíku

Kuskus na kari jablko

Doba přípravy: 20 minut
Čas na vaření: Pět minut
Porce: 4
Stupeň obtížnosti: střední

Ingredience:

- 2 lžičky olivového oleje
- 2 pórky, pouze bílé části, nakrájené na plátky
- 1 jablko, nakrájené na kostičky
- 2 polévkové lžíce kari
- 2 šálky kuskusu, vařeného a celozrnného
- 1/2 šálku pekanových ořechů, nasekaných

Indikace:

Na pánvi na středním plameni rozehřejte olej. Přidejte pórek a vařte do měkka, což bude trvat pět minut. Přidejte jablko a vařte do změknutí.

Přidejte kari a kuskus a dobře promíchejte. Před podáváním ihned stáhněte z plotny a přidejte vlašské ořechy.

Výživa (na 100 g): 330 kalorií 12 g tuků 8 g sacharidů 30 g bílkovin 824 mg sodíku

Jehněčí A Zeleniny

Doba přípravy: 20 minut

Čas na vaření: 1 hodina a 10 minut

Porce: 8

Stupeň obtížnosti: střední

Ingredience:

- 1/4 šálku olivového oleje
- 1 libra libového jehněčího, vykostěného a nakrájeného na ½-palcové kousky
- 2 velké červené brambory, oloupané a nakrájené na kostičky
- 1 cibule, hrubě nakrájená
- 2 stroužky česneku, nasekané
- 28 oz nakrájených rajčat s tekutinou, konzervy a bez soli
- 2 cukety, nakrájené na ½-palcové plátky
- 1 červená paprika, zbavená semínek a nakrájená na 1-palcové kostky
- 2 lžíce ploché listové petrželky, nasekané
- 1 lžíce papriky
- 1 lžička tymiánu
- 1/2 lžičky skořice
- 1/2 sklenice červeného vína
- mořská sůl a černý pepř podle chuti

Indikace:

Začněte tím, že zapnete troubu na 325, pak vyndáte velký hrnec na dušení. Dáme na středně vysokou teplotu, aby se zahřál olivový olej. Jakmile je váš olej horký, vmíchejte jehněčí maso a opečte maso. Často míchejte, aby neteklo, a pak jehněčí vložte do pekáče. Česnek, cibuli a brambory vařte na pánvi do měkka, což by mělo trvat dalších pět až šest minut. Vložte je také do pekáče. Přidejte cukety, pepř a rajčata do pánve s bylinkami a kořením. Před nalitím do pekáče nechte ještě deset minut provařit. Zalijeme vinno-paprikovou omáčkou. Přidejte rajče a poté zakryjte fólií. Vařte hodinu. Na posledních patnáct minut vaření sejměte poklici a podle potřeby upravte koření.

Výživa (na 100 g): 240 kalorií 14 g tuků 8 g sacharidů 36 g bílkovin 427 mg sodíku

Platýs s bylinkami

Doba přípravy: 20 minut
Čas na vaření: 1 hodina a 5 minut
Porce: 4
Stupeň obtížnosti: střední

Ingredience:

- 1/2 šálku ploché listové petržele, lehce zabalené
- 1/4 šálku olivového oleje
- 4 stroužky česneku, oloupané a rozpůlené
- 2 lžíce rozmarýnu, čerstvého
- 2 lžíce lístků tymiánu, čerstvé
- 2 lžíce šalvěje, čerstvé
- 2 lžíce citronové kůry, čerstvé
- 4 filé platýse
- mořská sůl a černý pepř podle chuti

Indikace:

Připravte si troubu na 350 °C a poté vložte všechny ingredience kromě platýse do kuchyňského robotu. Míchejte, dokud nevznikne ořechová pasta. Filety položte na plech a potřete je pečivem. Necháme je hodinu vychladit v lednici. Pečte deset minut. Okoříme a podáváme horké.

Výživa (na 100 g): 307 kalorií 11 g tuku 7 g sacharidů 34 g bílkovin 824 mg sodíku

Květáková quinoa

Doba přípravy: 15 minut
Čas na vaření: 10 minut
Porce: 4
Úroveň obtížnosti: snadná

Ingredience:

- 1 1/2 šálku quinoa, vařené
- 3 lžíce olivového oleje
- 3 šálky růžičky květáku
- 2 jarní cibulky, nakrájené
- 1 lžíce červeného vinného octa
- mořská sůl a černý pepř podle chuti
- 1 lžíce červeného vinného octa
- 1 lžíce nasekané pažitky
- 1 lžíce nasekané petrželky

Indikace:

Začněte rozehřátím pánve na středně vysokou teplotu. Přidejte svůj olej. Jakmile je olej rozpálený, přidejte jarní cibulku a opékejte asi dvě minuty. Přidejte quinou a květák a poté přidejte zbytek ingrediencí. Dobře promíchejte a přikryjte. Vařte devět minut na středním plameni a rozdělte na talíře k podávání.

Výživa (na 100 g): 290 kalorií 14 g tuků 9 g sacharidů 26 g bílkovin 656 mg sodíku

Smoothie z mangových hrušek

Doba přípravy: 5 minut

Čas na vaření: 0 minut

Porce: 1

Úroveň obtížnosti: snadná

Ingredience:

- 2 kostky ledu
- ½ šálku řeckého jogurtu, obyčejný
- ½ manga, oloupané, vypeckované a nakrájené
- 1 šálek kapusty, nakrájené
- 1 hruška, zralá, zbavená jádřinců a nakrájená

Indikace:

Míchejte, dokud nezískáte hustou a homogenní směs. Podávejte vychlazené.

Výživa (na 100 g): 350 kalorií 12 g tuků 9 g sacharidů 40 g bílkovin 457 mg sodíku

špenátová omeleta

Doba přípravy: 10 minut
Čas na vaření: 20 minut
Porce: 4
Úroveň obtížnosti: snadná

Ingredience:

- 3 lžíce olivového oleje
- 1 cibule, malá a nakrájená
- 1 stroužek česneku, nasekaný
- 4 rajčata, velká, zbavená jádřinců a nakrájená
- 1 lžička mořské soli, jemné
- 8 rozšlehaných vajec
- ¼ lžičky černého pepře
- 2 unce sýra feta, rozdrobený
- 1 lžíce ploché listové petrželky, čerstvé a nasekané

Indikace:

Předehřejte troubu na 400 stupňů a nalijte olivový olej do zapékací pánve. Postavte pánev na vysokou teplotu a přidejte cibuli. Vařte pět až sedm minut. Vaše cibule by měla změknout.

Přidejte rajčata, sůl, pepř a česnek. Poté ještě pět minut povařte a přidejte rozšlehaná vejce. Lehce promíchejte a vařte 3-5 minut. Měly by být umístěny na dně. Vložte pánev do trouby a pečte dalších pět minut. Vyndejte z trouby, ozdobte petrželkou a fetou. Podávejte horké.

Výživa (na 100 g): 280 kalorií 19 g tuků 10 g sacharidů 31 g bílkovin 625 mg sodíku

Mandlové palačinky

Doba přípravy: 15 minut
Čas na vaření: 15 minut
Porce: 6
Úroveň obtížnosti: snadná

Ingredience:

- 2 šálky mandlového mléka, neslazeného a pokojové teploty
- 2 vejce, velká a pokojové teploty
- ½ šálku kokosového oleje, rozpuštěného + další na namazání
- 2 lžičky medu, syrového
- ¼ lžičky mořské soli, jemné
- ½ lžičky jedlé sody
- 1 1/2 hrnku celozrnné mouky
- ½ šálku mandlové mouky
- 1 a půl lžičky prášku do pečiva
- ¼ lžičky skořice, mleté

Indikace:

Vezměte velkou mísu a rozšlehejte kokosový olej, vejce, mandlové mléko a med, míchejte, dokud se dobře nespojí.

Vezměte střední mísu a prosejte dohromady prášek do pečiva, jedlou sodu, mandlovou mouku, mořskou sůl, celozrnnou mouku a skořici. Dobře promíchejte.

Přidejte mouku do mléčné směsi a dobře prošlehejte.

Vezměte si velkou pánev a potřete ji kokosovým olejem, než ji umístíte na středně vysokou teplotu. Přidejte těsto na palačinky v ½ šálku.

Vařte tři minuty nebo dokud nejsou okraje pevné. Dno palačinky by mělo být dozlatova hnědé a bublinky by měly rozbíjet povrch. Vařte z obou stran.

Vymažte pánev a opakujte, dokud nespotřebujete všechno těsto. Nezapomeňte znovu vymazat pánev a v případě potřeby ozdobit čerstvým ovocem.

Výživa (na 100 g): 205 kalorií 16 g tuků 9 g sacharidů 36 g bílkovin 828 mg sodíku

Ovocný salát z quinoy

Doba přípravy: 25 minut
Čas na vaření: 0 minut
Porce: 4
Úroveň obtížnosti: snadná

Ingredience:

- 2 lžíce medu, syrového
- 1 šálek jahod, čerstvých a nakrájených na plátky
- 2 lžíce limetkové šťávy, čerstvé
- 1 lžička bazalky, čerstvé a nasekané
- 1 šálek quinoa, vařené
- 1 mango, oloupané, vypeckované a nakrájené na kostičky
- 1 šálek ostružin, čerstvých
- 1 broskev, vypeckovaná a nakrájená na kostičky
- 2 kiwi, oloupaná a nakrájená na čtvrtky

Indikace:

Začněte smícháním limetkové šťávy, bazalky a medu v malé misce. V jiné misce smíchejte jahody, quinou, ostružiny, broskve, kiwi a mango. Přidejte medovou směs a před podáváním promíchejte, aby se obalila.

Výživa (na 100 g): 159 kalorií 12 g tuku 9 g sacharidů 29 g bílkovin 829 mg sodíku

Jahodové rebarborové smoothie

Doba přípravy: 8 minut
Čas na vaření: 0 minut
Porce: 1
Úroveň obtížnosti: snadná

Ingredience:

- 1 šálek jahod, čerstvých a nakrájených na plátky
- 1 stonek rebarbory, nakrájený
- 2 lžíce medu, syrového
- 3 kostky ledu
- 1/8 lžičky mleté skořice
- ½ šálku řeckého jogurtu, obyčejný

Indikace:

Začněte tím, že vytáhnete malý kastrol a naplníte jej vodou. Dejte na vysokou teplotu, aby se přivedla k varu, a poté přidejte rebarboru. Před scezením a přemístěním do mixéru vařte tři minuty.

Do mixéru přidejte jogurt, med, skořici a jahody. Jakmile je hladká, přidejte led. Míchejte, dokud nezůstanou žádné hrudky a nezhoustne. Užijte si chlad.

Výživa (na 100 g): 201 kalorií 11 g tuků 9 g sacharidů 39 g bílkovin 657 mg sodíku

Ječná kaše

Doba přípravy: 10 minut
Čas na vaření: 20 minut
Porce: 4
Úroveň obtížnosti: snadná

Ingredience:

- 1 šálek pšeničných bobulí
- 1 šálek ječmene
- 2 hrnky mandlového mléka, neslazeného + další k podávání
- ½ šálku borůvek
- ½ šálku semínek granátového jablka
- 2 šálky vody
- ½ šálku lískových ořechů, opečených a nasekaných
- ¼ šálku medu, syrového

Indikace:

Vezměte hrnec, postavte jej na středně vysokou teplotu, poté přidejte mandlové mléko, vodu, ječmen a pšeničné bobule. Přiveďte k varu, poté snižte teplotu a vařte dvacet pět minut. Často míchejte. Vaše zrna by měla být křehká.

Každou porci doplňte brusinkami, semínky granátového jablka, lískovými oříšky, lžící medu a troškou mandlového mléka.

Výživa (na 100 g): 150 kalorií 10 g tuků 9 g sacharidů 29 g bílkovin 546 mg sodíku

Perníkové dýňové smoothie

Doba přípravy: 15 minut
Čas na vaření: 50 minut
Porce: 1
Úroveň obtížnosti: snadná

Ingredience:

- 1 šálek mandlového mléka, neslazeného
- 2 lžičky chia semínek
- 1 banán
- ½ šálku dýňového pyré, konzerva
- ¼ lžičky zázvoru, mletého
- ¼ lžičky skořice, mleté
- 1/8 lžičky muškátového oříšku, mletého

Indikace:

Začněte tím, že vyndáte misku a smícháme chai semínka a mandlové mléko. Nechte je namočit alespoň hodinu, ale můžete je namočit i přes noc. Přeneste je do mixéru.

Přidejte zbývající ingredience a poté rozmixujte do hladka. Podávejte vychlazené.

Výživa (na 100 g): 250 kalorií 13 g tuků 7 g sacharidů 26 g bílkovin 621 mg sodíku

Zelená šťáva

Doba přípravy: 5 minut

Čas na vaření: 0 minut
Porce: 1
Úroveň obtížnosti: snadná

Ingredience:

- 3 šálky tmavě zelené listové zeleniny
- 1 okurka
- ¼ šálku čerstvé italské petrželky
- ¼ ananasu, nakrájeného na měsíčky
- ½ zeleného jablka
- ½ pomeranče
- ½ citronu
- Špetka nastrouhaného čerstvého zázvoru

Indikace:

Pomocí odšťavňovače rozmixujte zelí, okurku, petržel, ananas, jablko, pomeranč, citron a zázvor do velkého hrnku a podávejte.

Výživa (na 100 g): 200 kalorií 14 g tuků 6 g sacharidů 27 g bílkovin 541 mg sodíku

Smoothie z ořechů a datlí

Doba přípravy: 10 minut
Čas na vaření: 0 minut
Porce: 2
Úroveň obtížnosti: snadná

Ingredience:

- 4 datle bez pecek
- ½ šálku mléka
- 2 šálky obyčejného řeckého jogurtu
- 1/2 šálku vlašských ořechů
- ½ lžičky skořice, mleté
- ½ lžičky vanilkového extraktu, čistého
- 2-3 kostky ledu

Indikace:

Vše mixujte, dokud nezískáte homogenní směs, a poté podávejte studené.

Výživa (na 100 g): 109 kalorií 11 g tuku 7 g sacharidů 29 g bílkovin 732 mg sodíku

Ovocný koktejl

Doba přípravy: 5 minut

Čas na vaření: 0 minut

Porce: 2

Úroveň obtížnosti: snadná

Ingredience:

- 2 šálky borůvek
- 2 šálky neslazeného mandlového mléka
- 1 šálek drceného ledu
- ½ lžičky mletého zázvoru

Indikace:

Vložte brusinky, mandlové mléko, led a zázvor do mixéru. Rozmixujte do hladka.

Výživa (na 100 g): 115 kalorií 10 g tuků 5 g sacharidů 27 g bílkovin 912 mg sodíku

Čokoládové banánové smoothie

Doba přípravy: 5 minut

Čas na vaření: 0 minut

Porce: 2

Úroveň obtížnosti: snadná

Ingredience:

- 2 oloupané banány
- 1 šálek odstředěného mléka
- 1 šálek drceného ledu
- 3 lžíce neslazeného kakaového prášku
- 3 lžíce medu

Indikace:

V mixéru rozmixujte banány, mandlové mléko, led, kakaový prášek a med. Míchejte, dokud nezískáte homogenní směs.

Výživa (na 100 g): 150 kalorií 18 g tuků 6 g sacharidů 30 g bílkovin 821 mg sodíku

Jogurt s borůvkami, medem a mátou

Doba přípravy: 5 minut

Čas na vaření: 0 minut

Porce: 2

Úroveň obtížnosti: snadná

Ingredience:

- 2 šálky neslazeného řeckého jogurtu bez tuku
- 1 šálek borůvek
- 3 lžíce medu
- 2 lžíce nasekaných lístků čerstvé máty

Indikace:

Jogurt rozdělte mezi 2 misky. Doplněno borůvkami, medem a mátou.

Výživa (na 100 g): 126 kalorií 12 g tuků 8 g sacharidů 37 g bílkovin 932 mg sodíku

Parfait s ovocem a jogurtem

Doba přípravy: 5 minut
Čas na vaření: 0 minut
Porce: 2
Úroveň obtížnosti: snadná

Ingredience:

- 1 šálek malin
- 1½ šálku neslazeného odtučněného řeckého jogurtu
- 1 šálek ostružin
- ¼ šálku nasekaných vlašských ořechů

Indikace:

Do 2 misek navrstvěte maliny, jogurt a ostružiny. Posypeme vlašskými ořechy.

Výživa (na 100 g): 119 kalorií 13 g tuku 7 g sacharidů 28 g bílkovin 732 mg sodíku

Ovesné vločky s ovocem a slunečnicovými semínky

Doba přípravy: 5 minut
Čas na vaření: 10 minut
Porce: 4
Úroveň obtížnosti: snadná

Ingredience:

- 1 šálek vody
- ½ šálku neslazeného mandlového mléka
- špetka soli
- 1 šálek staromódního ovsa
- ½ šálku borůvek
- ½ šálku malin
- ¼ šálku slunečnicových semínek

Indikace:

Vodu s mandlovým mlékem a mořskou solí dejte vařit ve středním hrnci na středně vysokou teplotu.

Zapracujte oves. Snižte teplotu na středně nízkou a pokračujte v míchání a vařte 5 minut. Přikryjte a nechte ovesné vločky uležet další 2 minuty. Promícháme a podáváme přelité borůvkami, malinami a slunečnicovými semínky.

Výživa (na 100 g): 106 kalorií 9 g tuků 8 g sacharidů 29 g bílkovin 823 mg sodíku

Rychlé mandlové a javorové zrno

Doba přípravy: 5 minut
Čas na vaření: 10 minut
Porce: 4
Úroveň obtížnosti: snadná

Ingredience:

- 1 1/2 šálku vody
- ½ šálku neslazeného mandlového mléka
- špetka soli
- ½ šálku krupice pro rychlé vaření
- ½ lžičky mleté skořice
- ¼ šálku čistého javorového sirupu
- ¼ šálku plátkových mandlí

Indikace:

Vodu, mandlové mléko a mořskou sůl dejte do středně vysokého hrnce na středně vysokou teplotu a počkejte, až se vaří.

Průběžně mícháme vařečkou, pomalu přidáváme obilí. Stále mícháme, aby se nevytvořily hrudky, a přiveďte směs k varu. Snižte teplotu na středně nízkou. Vařte několik minut za pravidelného míchání, dokud se voda zcela nevsákne. Přidejte skořici, sirup a mandle. Vařte ještě 1 minutu míchání.

Výživa (na 100 g): 126 kalorií 10 g tuku 7 g sacharidů 28 g bílkovin 851 mg sodíku

Banánové ovesné vločky

Doba přípravy: 10 minut
Čas na vaření: 10 minut
Porce: 2
Úroveň obtížnosti: snadná

Ingredience:

- 1 banán, oloupaný a nakrájený na plátky
- ¾ c. mandlové mléko
- ½ c. studená káva
- 2 datle bez pecek
- 2 polévkové lžíce. kakaový prášek
- 1 c. ovesné vločky
- 1 a půl lžíce. Chia semínka

Indikace:

Pomocí mixéru přidejte všechny ingredience. Dobře propracujte 5 minut a podávejte.

Výživa (na 100 g): 288 kalorií 4,4 g tuku 10 g sacharidů 5,9 g bílkovin 733 mg sodíku

Snídaňový sendvič

Doba přípravy: 5 minut
Čas na vaření: 20 minut
Porce: 4
Úroveň obtížnosti: snadná

Ingredience:

- 4 vícezrnné sendviče
- 4 lžičky olivový olej
- 4 vejce
- 1 polévková lžíce. rozmarýn, čerstvý
- 2 c. baby listový špenát, čerstvý
- 1 rajče, nakrájené na plátky
- 1 polévková lžíce. sýru feta
- Špetka košer soli
- Mletý černý pepř

Indikace:

Připravte troubu na 375 F / 190 C. Potřete strany tenkých částí 2 lžičkami. olivového oleje a položte je na plech. Pečte a opékejte 5 minut nebo dokud okraje lehce nezhnědnou.

Na pánev přidejte zbytek olivového oleje a rozmarýn a zahřejte na vysokou teplotu. Rozbijte a po jednom přidejte do pánve celá vejce. Žloutek by měl být stále tekutý, ale bílky by měly být tuhé.

Stěrkou rozbijte žloutky. Vejce otočte a vařte na druhé straně, dokud se neuvaří. Odstraňte vejce z ohně. Rozložte opečené plátky sendviče na 4 samostatné talíře. Božský špenát mezi tenkými.

Naplňte každý tenký plátek dvěma plátky rajčat, vařeným vejcem a 1 polévkovou lžící. sýru feta. Pro chuť lehce posypte solí a pepřem. Navrch položte zbývající tenké sendvičové poloviny a můžete je podávat.

Výživa (na 100 g): 241 kalorií 12,2 g tuku 60,2 g sacharidů 21 g bílkovin 855 mg sodíku

Ranní kuskus

Doba přípravy: 10 minut
Čas na vaření: 8 minut
Porce: 4
Stupeň obtížnosti: střední

Ingredience:

- 3 c. nízkotučné mléko
- 1 c. celý kuskus, syrový
- 1 tyčinka skořice
- ½ nakrájené meruňky, sušené
- ¼ c. rybíz, sušený
- 6 lžic. hnědý cukr
- ¼ lžičky sůl
- 4 lžičky rozpuštěné máslo

Indikace:

Vezměte velký kastrol a smíchejte mléko a tyčinku skořice a zahřejte na středním plameni. Zahřívejte 3 minuty nebo dokud se kolem okrajů pánve nevytvoří mikrobubliny. Nevařte. Sundejte z plotny, vmíchejte kuskus, meruňky, rybíz, sůl a 4 lžičky. Hnědý cukr. Směs zakryjte a nechte 15 minut odpočívat. Vyjměte a vyhoďte tyčinku skořice. Kuskus rozdělte do 4 misek a každou zakryjte 1 lžičkou. rozpuštěné máslo a ½ lžičky. Hnědý cukr. Připraven sloužit.

Výživa (na 100 g): 306 kalorií 6 g tuků 5 g sacharidů 9 g bílkovin 944 mg sodíku

Smoothie z avokáda a jablek

Doba přípravy: 5 minut
Čas na vaření: 0 minut
Porce: 2
Úroveň obtížnosti: snadná

Ingredience:

- 3 c. špenát
- 1 zelené jablko zbavené jádřinců, nakrájené
- 1 vypeckované avokádo, oloupané a nakrájené
- 3 polévkové lžíce. Chia semínka
- 1 čajová lžička. Miláček
- 1 mražený banán, oloupaný
- 2 c. kokosové mléko

Indikace:

Pomocí mixéru přidejte všechny ingredience. Dobře promíchejte po dobu 5 minut, abyste získali hladkou strukturu a podávejte ve sklenicích.

Výživa (na 100 g): 208 kalorií 10,1 g tuku 6 g sacharidů 7 g bílkovin 924 mg sodíku

Mini omeleta

Doba přípravy: 10 minut
Čas na vaření: 20 minut
Porce: 8
Úroveň obtížnosti: snadná

Ingredience:

- 1 nakrájená žlutá cibule
- 1 c. Strouhaný parmazán
- 1 nakrájená žlutá paprika
- 1 nakrájená červená paprika
- 1 nakrájená cuketa
- Sůl a černý pepř
- Kapku olivového oleje
- 8 rozšlehaných vajec
- 2 polévkové lžíce. nakrájená pažitka

Indikace:

Umístěte pánev na středně vysokou teplotu. Přidejte olej na zahřátí. Přidejte všechny ingredience kromě pažitky a vajec. Smažte asi 5 minut.

Vejce dejte na muffinový plech a ozdobte pažitkou. Nastavte troubu na 350 F / 176 C. Vložte formu na muffiny do trouby a pečte asi 10 minut. Vejce naservírujte na talíř s restovanou zeleninou.

Výživa (na 100 g): 55 kalorií 3 g tuků 0,7 g sacharidů 9 g bílkovin 844 mg sodíku

Ovesné vločky ze sušených rajčat

Doba přípravy: 10 minut

Čas na vaření: 25 minut

Porce: 4

Úroveň obtížnosti: snadná

Ingredience:

- 3 c. vodopád
- 1 c. mandlové mléko
- 1 polévková lžíce. olivový olej
- 1 c. ocelový řezaný oves
- ¼ c. nakrájená rajčata, sušená na slunci
- Špetka chilli vloček

Indikace:

Pomocí hrnce přidejte vodu a mléko, aby se spojily. Dejte na střední teplotu a nechte vařit. Další pánev dejte na středně vysokou teplotu. Rozehřejte olej a přidejte ovesné vločky, které 2 minuty opékejte. Přendejte do první pánve plus rajčata a zamíchejte. Nechte asi 20 minut povařit. Vložte do servírovacích misek a ozdobte vločkami červené papriky. Užívat si.

Výživa (na 100 g): 170 kalorií 17,8 g tuku 1,5 g sacharidů 10 g bílkovin 645 mg sodíku

Vejce na avokádu

Doba přípravy: 5 minut
Čas na vaření: 15 minut
Porce: 6
Úroveň obtížnosti: snadná

Ingredience:

- 1 čajová lžička. česnekový prášek
- ½ lžičky. mořská sůl
- ¼ c. strouhaný parmazán
- ¼ lžičky Černý pepř
- 3 vypeckovaná avokáda, rozpůlená
- 6 vajec

Indikace:

Připravte si košíčky na muffiny a připravte troubu na 350 F / 176 C. Rozdělte avokádo. Aby se vejce vešlo do dutiny avokáda, lehce seškrábněte 1/3 dužiny.

Umístěte avokádo na muffinovou formu, abyste se ujistili, že je stranou nahoru. Každé avokádo rovnoměrně ochutíme pepřem, solí a česnekovým práškem. Do každé avokádové dutiny přidejte vejce a vrchní část posypte sýrem. Vložte do trouby a pečte, dokud bílek neztuhne, asi 15 minut. Podávejte a užívejte si.

Výživa (na 100 g): 252 kalorií 20 g tuků 2 g sacharidů 5 g bílkovin 946 mg sodíku

Brekky vejce - bramborová kaše

Doba přípravy: 10 minut

Čas na vaření: 25 minut

Porce: 2

Úroveň obtížnosti: snadná

Ingredience:

- 1 cuketa, nakrájená na kostičky
- ½ c. Kuřecí vývar
- ½ lb nebo 220 g vařeného kuřete
- 1 polévková lžíce. olivový olej
- 4 unce. nebo 113 g krevet
- Sůl a černý pepř
- 1 nakrájený sladký brambor
- 2 vejce
- ¼ lžičky kajenský pepř
- 2 lžičky česnekový prášek
- 1 c. čerstvý špenát

Indikace:

Na pánev přidejte olivový olej. Smažte krevety, vařené kuře a sladké brambory po dobu 2 minut. Přidejte kajenský pepř, česnekový prášek a míchejte 4 minuty. Přidejte cukety a míchejte další 3 minuty.

Vejce rozklepněte do mísy a přidejte je do pánve. Dochuťte solí a pepřem. Přikryjte víkem. Vařte ještě 1 minutu a vmíchejte kuřecí vývar.

Přikryjte a vařte dalších 8 minut na vysoké teplotě. Přidejte špenát, míchejte další 2 minuty a podávejte.

Výživa (na 100 g): 198 kalorií 0,7 g tuků 7 g sacharidů 10 g bílkovin 725 mg sodíku

Rajčatová A Bazalková Polévka

Doba přípravy: 10 minut
Čas na vaření: 25 minut
Porce: 2
Stupeň obtížnosti: střední

Ingredience:

- 2 polévkové lžíce. zeleninový vývar
- 1 nasekaný stroužek česneku
- ½ c. bílá cibule
- 1 stonek celeru nakrájený
- 1 nakrájená mrkev
- 3 c. rajčata, nakrájená
- Sůl a pepř
- 2 bobkové listy
- 1 ½ c. neslazené mandlové mléko
- 1/3 c. listy bazalky

Indikace:

Zeleninový vývar vařte ve velkém hrnci na středním plameni. Přidejte česnek a cibuli a vařte 4 minuty. Přidejte mrkev a celer. Vařte ještě 1 minutu.

Vložíme rajčata a přivedeme k varu. Vařte 15 minut. Přidejte mandlové mléko, bazalku a bobkové listy. Okořeníme a podáváme.

Výživa (na 100 g): 213 kalorií 3,9 g tuků 9 g sacharidů 11 g bílkovin 817 mg sodíku

Dýňový hummus

Doba přípravy: 10 minut
Čas na vaření: 15 minut
Porce: 4
Úroveň obtížnosti: snadná

Ingredience:

- 2 libry nebo 900 g máslové dýně bez pecek, oloupané
- 1 polévková lžíce. olivový olej
- ¼ c. tahini
- 2 polévkové lžíce. citronová šťáva
- 2 nasekané stroužky česneku
- Sůl a pepř

Indikace:

Zahřejte troubu na 300 F/148 C. Potřete squash olivovým olejem. Vložte na plech a pečte 15 minut v troubě. Když je dýně uvařená, zapracujte ji spolu se zbytkem ingrediencí do kuchyňského robotu.

Rozmixujte do hladka. Podáváme s mrkví a celerovými tyčinkami. Pro další využití místa v jednotlivých nádobách nalepte štítek a uložte do lednice. Před opětovným ohřevem v mikrovlnné troubě nechte ohřát na pokojovou teplotu.

Výživa (na 100 g): 115 kalorií 5,8 g Tuky 6,7 g Sacharidy 10 g Bílkoviny 946 mg Sodík

Šunkové muffiny

Doba přípravy: 10 minut
Čas na vaření: 15 minut
Porce: 6
Stupeň obtížnosti: střední

Ingredience:

- 9 plátků šunky
- 1/3 c. nakrájený špenát
- ¼ c. rozdrobený sýr feta
- ½ c. nakrájenou pečenou červenou papriku
- Sůl a černý pepř
- 1 a půl lžíce. bazalkové pesto
- 5 rozšlehaných vajec

Indikace:

Formu na muffiny vymažte tukem. Na vyložení každého košíčku na muffiny použijte 1 1/2 plátků šunky. Kromě černého pepře, soli, pesta a vejce rozdělte zbytek ingrediencí do šunkových košíčků. Pomocí mísy prošlehejte pepř, sůl, pesto a vejce. Přelijte pepřovou směsí. Nastavte troubu na 400 F / 204 C a pečte asi 15 minut. Ihned podávejte.

Výživa (na 100 g): 109 kalorií 6,7 g tuku 1,8 g sacharidů 9 g bílkovin 386 mg sodíku

Špaldový salát

Doba přípravy: 10 minut
Čas na vaření: 0 minut
Porce: 2
Úroveň obtížnosti: snadná

Ingredience:

- 1 polévková lžíce. olivový olej
- Sůl a černý pepř
- 1 svazek baby špenátu, nakrájený
- 1 vypeckované avokádo, oloupané a nakrájené
- 1 nasekaný stroužek česneku
- 2 c. vařená špalda
- ½ c. cherry rajčata, nakrájená na kostičky

Indikace:

Plamen nastavte na střední teplotu. Vložte olej do pánve a zahřejte. Přidejte zbytek ingrediencí. Směs vařte asi 5 minut. Vložte do servírovacích misek a vychutnejte si.

Výživa (na 100 g): 157 kalorií 13,7 g tuku 5,5 g sacharidů 6 g bílkovin 615 mg sodíku

Borůvky a datle

Doba přípravy: 10 minut
Čas na vaření: 20 minut
Porce: 10
Úroveň obtížnosti: snadná

Ingredience:

- 12 vypeckovaných datlí, nakrájených
- 1 čajová lžička. vanilkový extrakt
- ¼ c. Miláček
- ½ c. ovesné vločky
- ¾ c. sušené brusinky
- ¼ c. mandlový avokádový olej rozpuštěný
- 1 c. nasekané vlašské ořechy, opečené
- ¼ c. dýňová semínka

Indikace:

Pomocí mísy smíchejte všechny ingredience, aby se spojily.

Plech vyložte pečícím papírem. Stiskněte směs na nastavení. Dáme do mrazáku asi na 30 minut. Nakrájejte na 10 čtverců a užívejte si.

Výživa (na 100 g): 263 kalorií 13,4 g tuku 14,3 g sacharidů 7 g bílkovin 845 mg sodíku

Čočková a čedarová omeleta

Doba přípravy: 5 minut

Čas na vaření: 17 minut

Porce: 4

Úroveň obtížnosti: snadná

Ingredience:

- 1 nakrájenou červenou cibuli
- 2 polévkové lžíce. olivový olej
- 1 c. vařené sladké brambory, nakrájené
- ¾ c. nakrájená šunka
- 4 rozšlehaná vejce
- ¾ c. vařená čočka
- 2 polévkové lžíce. řecký jogurt
- Sůl a černý pepř
- ½ c. rozpůlená cherry rajčata,
- ¾ c. strouhaný sýr čedar

Indikace:

Nastavte teplotu na střední a položte pánev. Přidejte olej na zahřátí. Vmícháme cibuli a necháme asi 2 minuty osmahnout. S výjimkou sýra a vajec přidejte ostatní ingredience a vařte další 3 minuty. Přidejte vejce, ozdobte sýrem. Vařte dalších 10 minut přikryté.

Nakrájejte omeletu, vložte ji do misek a vychutnejte si ji.

Výživa (na 100 g): 274 kalorií 17,3 g tuku 3,5 g sacharidů 6 g bílkovin 843 mg sodíku

Sendvič s tuňákem

Doba přípravy: 5 minut
Čas na vaření: Pět minut
Porce: 2
Úroveň obtížnosti: snadná

Ingredience:

- 6 uncí nebo 170 g konzervovaného tuňáka, okapaného a ve vločkách
- 1 avokádo zbavené pecek, oloupané a rozmačkané
- 4 plátky celozrnného chleba
- Špetka soli a černého pepře
- 1 polévková lžíce. rozdrobený sýr feta
- 1 c. malý špenát

Indikace:

Pomocí mísy smíchejte pepř, sůl, tuňáka a sýr, aby se spojily. Na plátky chleba naneste krém z avokádového pyré.

Podobně rozdělte tuňákovo-špenátovou směs na 2 plátky. Navrch položte zbývající 2 plátky. Sloužit.

Výživa (na 100 g): 283 kalorií 11,2 g tuku 3,4 g sacharidů 8 g bílkovin 754 mg sodíku

Špaldový salát

Doba přípravy: 15 minut
Čas na vaření: 30 minut
Porce: 4
Stupeň obtížnosti: střední

Ingredience:

- salát
- 2 1/2 hrnku zeleninového vývaru
- ¾ šálku rozdrobeného sýra feta
- 1 plechovka cizrny, okapaná
- 1 okurka, nakrájená
- 1 1/2 šálku perlové špaldy
- 1 lžíce olivového oleje
- ½ cibule nakrájená
- 2 šálky baby špenátu, nakrájeného
- 1 litr cherry rajčat
- 1 ¼ šálku vody
- Koření:
- 2 lžíce citronové šťávy
- 1 polévková lžíce medu
- ¼ šálku olivového oleje
- ¼ lžičky oregana
- 1 špetka chilli vloček
- ¼ lžičky soli

- 1 lžíce červeného vinného octa

Indikace:

Na pánvi rozehřejte olej. Přidejte špaldu a vařte jednu minutu. Během vaření jej pravidelně promíchávejte. Přidejte vodu a vývar, poté přiveďte k varu. Snižte teplotu a vařte, dokud farro nezměkne, asi 30 minut. Vodu slijeme a špaldu přendáme do mísy.

Přidejte špenát a promíchejte. Nechte asi 20 minut vychladnout. Přidejte okurku, cibuli, rajčata, papriku, cizrnu a fetu. Dobře promíchejte, abyste získali dobrou směs. Udělejte krok zpět a připravte dresink.

Smíchejte všechny ingredience na zálivku a dobře promíchejte, dokud nebude hladká. Nalijte ji do mísy a dobře promíchejte. Podle chuti dobře okoříme.

Výživa (na 100 g): 365 kalorií 10 g tuků 43 g sacharidů 13 g bílkovin 845 mg sodíku

Salát z cizrny a cukety

Doba přípravy: 10 minut
Čas na vaření: 0 minut
Porce: 3
Úroveň obtížnosti: snadná

Ingredience:

- ¼ šálku balzamikového octa
- 1/3 šálku nasekaných lístků bazalky
- 1 lžíce kapar, okapaných a nakrájených
- ½ šálku rozdrobeného sýra feta
- 1 plechovka cizrny, okapaná
- 1 nasekaný stroužek česneku
- ½ šálku oliv Kalamata, nakrájených
- 1/3 šálku olivového oleje
- ½ šálku sladké cibule, nasekané
- ½ lžičky oregana
- 1 špetka vloček červené papriky, drcených
- ¾ šálku červené papriky, nakrájené
- 1 lžíce nasekaného rozmarýnu
- 2 šálky cukety, nakrájené na kostičky
- Sůl a pepř na dochucení

Indikace:

Zeleninu smíchejte v misce a pevně zakryjte.

Podávejte při pokojové teplotě. Nejlepších výsledků však dosáhnete, když misku před podáváním na několik hodin vychladíte, aby se chutě propojily.

Výživa (na 100 g): 258 kalorií 12 g tuků 19 g sacharidů 5,6 g bílkovin 686 mg sodíku

Provensálský artyčokový salát

Doba přípravy: 15 minut
Čas na vaření: Pět minut
Porce: 3
Úroveň obtížnosti: snadná

Ingredience:

- 250 g artyčokových srdíček
- 1 lžička nasekané bazalky
- 2 stroužky česneku, nasekané
- 1 citronová kůra
- 1 lžíce oliv, nakrájených
- 1 lžíce olivového oleje
- ½ nakrájené cibule
- 1 špetka, ½ lžičky soli
- 2 rajčata, nakrájená
- 3 polévkové lžíce vody
- ½ sklenky bílého vína
- Sůl a pepř na dochucení

Indikace:

Na pánvi rozehřejte olej. Osmahneme cibuli a česnek. Vařte, dokud cibule zesklovatí, a dochuťte špetkou soli. Zalijeme bílým vínem a dusíme, dokud se víno nezredukuje na polovinu.

Přidejte dužinu z rajčat, artyčoková srdce a vodu. Povařte a přidejte citronovou kůru a asi 1/2 lžičky soli. Přikryjte a vařte asi 6 minut.

Přidejte olivy a bazalku. Dobře okořeňte a užívejte si!

Výživa (na 100 g): 147 kalorií 13 g tuku 18 g sacharidů 4 g bílkovin 689 mg sodíku

Bulharský salát

Doba přípravy: 10 minut
Čas na vaření: 20 minut
Porce: 2
Stupeň obtížnosti: střední

Ingredience:

- 2 šálky bulguru
- 1 lžíce másla
- 1 okurka, nakrájená na kousky
- ¼ šálku kopru
- ¼ šálku černých oliv, rozpůlených
- 1 polévková lžíce, 2 lžičky olivového oleje
- 4 šálky vody
- 2 lžičky červeného vinného octa
- sůl, tak akorát

Indikace:

V hrnci opečte bulgur na směsi másla a olivového oleje. Vařte, dokud bulgur nezezlátne a nezačne se rozpadat.

Přidejte vodu a upravte sůl. Vše zabalte a vařte asi 20 minut nebo dokud bulgur nezměkne.

V misce smíchejte kousky okurky s olivovým olejem, koprem, červeným vinným octem a černými olivami. Vše dobře promíchejte.

Smíchejte okurku a bulgur.

Výživa (na 100 g): 386 kalorií 14 g tuků 55 g sacharidů 9 g bílkovin 545 mg sodíku

Miska falafel salátu

Doba přípravy: 15 minut
Čas na vaření: Pět minut
Porce: 2
Úroveň obtížnosti: snadná

Ingredience:

- 1 lžíce pikantní česnekové omáčky
- 1 lžíce koprové česnekové omáčky
- 1 balení vegetariánského falafelu
- 1 krabice humusu
- 2 lžíce citronové šťávy
- 1 lžíce vypeckovaných oliv kalamata
- 1 polévková lžíce extra panenského olivového oleje
- ¼ šálku cibule, nakrájené na kostičky
- 2 šálky nasekané petrželky
- 2 šálky křupavého pita chleba
- 1 špetka soli
- 1 polévková lžíce tahini omáčky
- ½ šálku nakrájených rajčat

Indikace:

Uvařte připravené falafely. Dejte to stranou. Připravte salát. Smíchejte petržel, cibuli, rajčata, citronovou šťávu, olivový olej a sůl. Vše vyhoďte a odložte stranou. Vše přendejte do servírovacích misek. Přidejte petržel a zalijte humusem a falafelem. Misku potřeme tahini omáčkou, chilli-česnekovou omáčkou a koprovým dresinkem. Při podávání přidáme citronovou šťávu a salát dobře promícháme. Podávejte s pita chlebem na boku.

Výživa (na 100 g): 561 kalorií 11 g tuku 60,1 g sacharidů 18,5 g bílkovin 944 mg sodíku

Lehký řecký salát

Doba přípravy: 15 minut
Čas na vaření: 0 minut
Porce: 2
Úroveň obtížnosti: snadná

Ingredience:

- 120 g řecké fety, nakrájené na kostičky
- 5 okurek, podélně nakrájených
- 1 lžička medu
- 1 citron, žvýkaný a nastrouhaný
- 1 šálek oliv kalamata, vypeckovaných a rozpůlených
- ¼ šálku extra panenského olivového oleje
- 1 cibule, nakrájená
- 1 lžička oregana
- 1 špetka čerstvého oregana (na ozdobu)
- 12 rajčat, nakrájených na čtvrtky
- ¼ šálku červeného vinného octa
- Sůl a pepř na dochucení

Indikace:

V misce namočte cibuli na 15 minut do osolené vody. Ve velké misce smíchejte med, citronovou šťávu, citronovou kůru, oregano, sůl a pepř. Vše promíchejte. Postupně přidávejte olivový olej a šlehejte, dokud olej nezemulguje. Přidejte olivy a rajčata. Uveďte to správně. Přidejte okurky

Cibuli namočenou v osolené vodě sceďte a přidejte do salátové směsi. Doplňte salát čerstvým oreganem a fetou. Potřete olivovým olejem a dochuťte pepřem, dle chuti.

Výživa (na 100 g): 292 kalorií 17 g tuků 12 g sacharidů 6 g bílkovin 743 mg sodíku

Rukolový salát s fíky a vlašskými ořechy

Doba přípravy: 15 minut

Čas na vaření: 10 minut

Porce: 2

Úroveň obtížnosti: snadná

Ingredience:

- 150 g rukoly
- 1 mrkev, oškrábaná
- 1/8 lžičky kajenského pepře
- 3 unce kozího sýra, rozdrobeného
- 1 plechovka nesolené cizrny, okapaná
- ½ šálku sušených fíků, nakrájených na měsíčky
- 1 lžička medu
- 3 lžíce olivového oleje
- 2 lžičky balzamikového octa
- ½ vlašských ořechů nakrájených na polovinu
- sůl, tak akorát

Indikace:

Troubu předehřejte na 175 stupňů. Na pánvi smíchejte vlašské ořechy, 1 lžíci olivového oleje, kajenský pepř a 1/8 lžičky soli. Přeneste pánev do trouby a pečte, dokud ořechy nezhnědnou. Až budete hotovi, odložte ho stranou.

V misce smíchejte med, balzamikový ocet, 2 lžíce oleje a ¾ lžičky soli.

Ve velké míse smíchejte rukolu, mrkev a fíky. Přidejte vlašské ořechy a kozí sýr a pokapejte medovým balzamikovým vinaigrettem. Ujistěte se, že vše zakryjete.

Výživa (na 100 g): 403 kalorií 9 g tuků 35 g sacharidů 13 g bílkovin 844 mg sodíku

Květákový salát s tahini vinaigrette

Doba přípravy: 15 minut
Čas na vaření: Pět minut
Porce: 2
Stupeň obtížnosti: střední

Ingredience:

- 1 1/2 libry květáku
- ¼ šálku sušených třešní
- 3 lžíce citronové šťávy
- 1 lžíce čerstvé máty, nasekané
- 1 lžička olivového oleje
- ½ šálku nasekané petrželky
- 3 lžíce solených pečených pistácií, nasekaných
- ½ lžičky soli
- ¼ šálku šalotky, mleté
- 2 polévkové lžíce tahini

Indikace:

Nastrouhejte květák do nádoby vhodné do mikrovlnné trouby, přidejte olivový olej a ¼ soli. Ujistěte se, že jste květák rovnoměrně zakryli a okořenili. Misku zabalte do potravinářské fólie a ohřejte ji v mikrovlnné troubě asi na 3 minuty.

Rýži s květákem dejte na plech a nechte asi 10 minut vychladnout. Přidejte citronovou šťávu a šalotku. Necháme uležet, aby květák absorboval chuť.

Přidejte směs tahini, třešně, petržel, mátu a sůl. Vše dobře promíchejte. Před podáváním posypte opečenými pistáciemi.

Výživa (na 100 g): 165 kalorií 10 g tuků 20 g sacharidů 6 g bílkovin 651 mg sodíku

Středozemní bramborový salát

Doba přípravy: 15 minut
Čas na vaření: 10 minut
Porce: 2
Úroveň obtížnosti: snadná

Ingredience:

- 1 svazek lístků bazalky, nasekaných
- 1 stroužek česneku, rozdrcený
- 1 lžíce olivového oleje
- 1 cibule, nakrájená
- 1 lžička oregana
- 100 g pražené červené papriky. Plátky
- 300 g brambor, nakrájených na polovinu
- 1 plechovka cherry rajčat
- Sůl a pepř na dochucení

Indikace:

V hrnci orestujte cibuli. Přidejte oregano a česnek. Vše vařte jednu minutu. Přidejte papriku a rajčata. Dobře osolte a poté vařte asi 10 minut. Dejte to stranou.

V hrnci uvaříme brambory ve velkém množství osolené vody. Pečte do měkka, asi 15 minut. Dobře sceďte. Brambory smícháme s omáčkou a přidáme bazalku a olivy. Nakonec vše před podáváním vyhoďte.

Výživa (na 100 g): 111 kalorií 9 g tuků 16 g sacharidů 3 g bílkovin 745 mg sodíku

Quinoa a pistáciový salát

Doba přípravy: 10 minut
Čas na vaření: 15 minut
Porce: 2
Úroveň obtížnosti: snadná

Ingredience:

- ¼ lžičky kmínu
- ½ šálku sušeného rybízu
- 1 lžička nastrouhané citronové kůry
- 2 lžíce citronové šťávy
- ½ šálku zelené cibule, nakrájené
- 1 lžíce nasekané máty
- 2 lžíce extra panenského olivového oleje
- ¼ šálku nasekané petrželky
- ¼ lžičky mletého pepře
- 1/3 šálku pistácií, nasekaných
- 1 ¼ šálku syrové quinoa
- 1 2/3 šálku vody

Indikace:

V hrnci smíchejte 1 2/3 šálku vody, rozinky a quinou. Vše vařte do varu a poté snižte teplotu. Vše povařte asi 10 minut a nechte quinou zpěnit. Odstavte asi na 5 minut. Do nádoby přendejte směs quinoa. Přidejte vlašské ořechy, mátu, cibuli a petržel. Vše promíchejte. V samostatné misce smíchejte citronovou kůru, citronovou šťávu, rybíz, kmín a olej. Porazte je dohromady. Smíchejte suché a mokré přísady.

Výživa (na 100 g): 248 kalorií 8 g tuků 35 g sacharidů 7 g bílkovin 914 mg sodíku

Kuřecí okurkový salát s pikantním arašídovým dresinkem

Doba přípravy: 15 minut
Čas na vaření: 0 minut
Porce: 2
Stupeň obtížnosti: střední

Ingredience:

- 1/2 šálku arašídového másla
- 1 lžíce sambal oelek (chili pasta)
- 1 lžíce sójové omáčky s nízkým obsahem sodíku
- 1 lžička grilovaného sezamového oleje
- 4 lžíce vody nebo více, pokud je potřeba
- 1 okurka oloupaná a nakrájená na tenké proužky
- 1 vařený kuřecí řízek, nastrouhaný na tenké nudličky
- 2 lžíce mletých arašídů

Indikace:

V misce smíchejte arašídové máslo, sójovou omáčku, sezamový olej, sambal oelek a vodu. Plátky okurky dejte na talíř. Ozdobte nastrouhaným kuřecím masem a potřete omáčkou. Posypeme nasekanými arašídy.

Výživa (na 100 g): 720 kalorií 54 g tuků 8,9 g sacharidů 45,9 g bílkovin 733 mg sodíku

Zeleninová paella

Doba přípravy: 25 minut

Čas na vaření: 45 minut

Porce: 6

Stupeň obtížnosti: střední

Ingredience:

- ¼ šálku olivového oleje
- 1 velká sladká cibule
- 1 velká červená paprika
- 1 velká zelená paprika
- 3 stroužky česneku, nakrájené nadrobno
- 1 lžička uzené papriky
- 5 nití šafránu
- 1 cuketa, nakrájená na ½-palcové kostky
- 4 velká zralá rajčata, oloupaná, zbavená semínek a nakrájená
- 1 1/2 šálku krátkozrnné španělské rýže
- 3 šálky zeleninového vývaru, zahřátý

Indikace:

Předehřejte troubu na 350 ° F. Vařte olivový olej na středním plameni. Vmíchejte cibuli, červenou a zelenou papriku a vařte 10 minut.

Přidejte česnek, papriku, šafránové nitě, cukety a rajčata. Snižte teplotu na středně nízkou a vařte 10 minut.

Přidejte rýži a zeleninový vývar. Zvyšte teplotu, aby se paella přivedla k varu. Nastavte teplotu na středně nízkou a vařte 15 minut. Zabalte pánev do hliníkové fólie a vložte ji do trouby.

Vařte 10 minut nebo dokud se vývar nevstřebá.

Výživa (na 100 g): 288 kalorií 10 g tuku 46 g sacharidů 3 g bílkovin 671 mg sodíku

Lilek A Rýže Kastrol

Doba přípravy: 30 minut

Čas na vaření: 35 minut

Porce: 4

Úroveň obtížnosti: obtížná

Ingredience:

- Na omáčku
- ½ šálku olivového oleje
- 1 malá cibule, nakrájená
- 4 stroužky česneku, rozdrcené
- 6 zralých rajčat, oloupaných a nakrájených
- 2 lžíce rajčatového protlaku
- 1 lžička sušeného oregana
- ¼ lžičky mletého muškátového oříšku
- ¼ lžičky mletého kmínu
- Pro kastrol
- 4 6palcové japonské lilky, podélně rozpůlené
- 2 lžíce olivového oleje
- 1 šálek vařené rýže
- 2 lžíce piniových oříšků, opražených
- 1 šálek vody

Indikace:

Na přípravu omáčky

V hrnci se silným dnem vařte olivový olej na středním plameni. Vložte cibuli a vařte 5 minut. Vmíchejte česnek, rajčata, rajčatový protlak, oregano, muškátový oříšek a kmín. Přiveďte k varu, poté snižte teplotu na minimum a vařte 10 minut. Vyjměte a dejte stranou.

Na přípravu kastrolu

Předehřejte gril. Zatímco se omáčka vaří, pokapejte lilky olivovým olejem a uložte je na plech. Vařte asi 5 minut do zlatohněda. Vyjměte a nechte vychladnout. Zapněte troubu na 375 ° F. Uspořádejte vychladlý lilek řeznou stranou nahoru do zapékací mísy o rozměrech 9 x 13 palců. Jemně naberte část masa, aby bylo místo pro náplň.

V misce smíchejte polovinu rajčatové omáčky, uvařenou rýži a piniové oříšky. Naplňte každou polovinu lilku rýžovou směsí. Ve stejné misce smíchejte zbývající rajčatovou omáčku a vodu. Nalijte na lilky. Vařte zakryté 20 minut, dokud lilky nezměknou.

Výživa (na 100 g): 453 kalorií 39 g tuků 29 g sacharidů 7 g bílkovin 820 mg sodíku

kuskus se zeleninou

Doba přípravy: 15 minut

Čas na vaření: 45 minut

Porce: 8

Úroveň obtížnosti: obtížná

Ingredience:

- ¼ šálku olivového oleje
- 1 cibule, nakrájená
- 4 stroužky česneku, nasekané
- 2 papričky jalapeňo, na několika místech propíchnuté vidličkou
- ½ lžičky mletého kmínu
- ½ lžičky mletého koriandru
- 1 (28 uncí) plechovka drcených rajčat
- 2 lžíce rajčatového protlaku
- 1/8 lžičky soli
- 2 bobkové listy
- 11 šálků vody, rozdělených
- 4 mrkve
- 2 cukety, nakrájené na 2-palcové kousky
- 1 žaludová dýně, rozpůlená, zbavená semínek a nakrájená na 1 palec silné plátky
- 1 (15 uncí) plechovka cizrny, okapaná a propláchnutá
- ¼ šálku nakrájených konzervovaných citronů (volitelně)

- 3 šálky kuskusu

Indikace:

V hrnci se silným dnem uvařte olivový olej. Vložte cibuli a vařte 4 minuty. Vmíchejte česnek, jalapeňos, kmín a koriandr. Vařte 1 minutu. Přidejte rajčata, rajčatový protlak, sůl, bobkové listy a 8 šálků vody. Směs přiveďte k varu.

Přidejte mrkev, cuketu a žalud a přiveďte zpět k varu. Mírně snižte teplotu, přikryjte a vařte asi 20 minut, dokud zelenina nezměkne, ale nebude kašovitá. Vezměte 2 šálky tekutiny na vaření a dejte stranou. Podle potřeby okořeníme.

Přidejte cizrnu a konzervované citrony (pokud používáte). Vařte několik minut a vypněte oheň.

Ve střední pánvi přiveďte zbývající 3 šálky vody k varu na vysoké teplotě. Zapracujte kuskus, přikryjte a vypněte oheň. Kuskus necháme 10 minut odpočinout. Zalijte 1 šálkem odložené tekutiny na vaření. Pomocí vidličky kuskus rozdmýchejte.

Dejte to na velký servírovací talíř. Navlhčete ji zbývající tekutinou na vaření. Vyjměte zeleninu z hrnce a položte ji navrch. Zbývající guláš podávejte v samostatné misce.

Výživa (na 100 g): 415 kalorií 7 g tuků 75 g sacharidů 9 g bílkovin 718 mg sodíku

Kushari

Doba přípravy: 25 minut

Čas na vaření: 1 hodina a 20 minut

Porce: 8

Úroveň obtížnosti: obtížná

Ingredience:

- Na omáčku
- 2 lžíce olivového oleje
- 2 stroužky česneku, nasekané
- 1 (16 oz) plechovka rajčatové omáčky
- ¼ šálku bílého octa
- ¼ šálku harissy nebo koupené v obchodě
- 1/8 lžičky soli
- Pro rýži
- 1 šálek olivového oleje
- 2 cibule, nakrájené na tenké plátky
- 2 šálky sušené hnědé čočky
- 4 litry plus 1/2 šálku vody, rozdělené
- 2 šálky krátkozrnné rýže
- 1 lžička soli
- 1 lb. krátké loketní těstoviny
- 1 (15 uncí) plechovka cizrny, okapaná a propláchnutá

Indikace:

Na přípravu omáčky

V hrnci dáme vařit olivový olej. Osmažte česnek. Vmícháme rajčatovou omáčku, ocet, harissu a sůl. Omáčku přiveďte k varu. Snižte teplotu a vařte 20 minut nebo dokud omáčka nezhoustne. Vyjměte a dejte stranou.

K výrobě rýže

Připravte misku savým papírem a dejte stranou. Ve velké pánvi na středním plameni rozehřejte olivový olej. Za častého míchání orestujte cibuli, dokud nebude křupavá a dozlatova. Cibuli přendejte do připravené misky a dejte stranou. Rezervujte si 2 lžíce oleje na vaření. Zarezervujte si pánev.

Na vysokém ohni smíchejte čočku a 4 šálky vody v hrnci. Necháme přejít varem a vaříme 20 minut. Sceďte a pokapejte odloženými 2 lžícemi oleje na vaření. Odložit stranou. Zarezervujte si jídlo.

Pánev, kterou jste použili k smažení cibule, nastavte na středně vysokou teplotu a přidejte rýži, 4 1/2 šálku vody a sůl. Přiveďte k varu. Snižte teplotu a vařte 20 minut. Vypněte a odstavte na 10 minut. Zbývajících 8 šálků osolené vody přiveďte k varu na vysoké teplotě ve stejném hrnci, ve kterém jste vařili čočku. Přidejte těstoviny a vařte 6 minut nebo podle návodu na obalu. Sceďte a dejte stranou.

Sestavit

Na servírovací talíř nandejte rýži. Doplňte ho čočkou, cizrnou a těstovinami. Pokapejte horkou rajčatovou omáčkou a posypte dokřupava osmaženou cibulkou.

Výživa (na 100 g): 668 kalorií 13 g tuku 113 g sacharidů 18 g bílkovin 481 mg sodíku

Bulgur s rajčaty a cizrnou

Doba přípravy: 10 minut

Čas na vaření: 35 minut

Porce: 6

Stupeň obtížnosti: střední

Ingredience:

- ½ šálku olivového oleje
- 1 cibule, nakrájená
- 6 rajčat, nakrájených na kostičky, nebo 1 (16 uncí) nakrájených rajčat
- 2 lžíce rajčatového protlaku
- 2 šálky vody
- 1 polévková lžíce harissy nebo koupené v obchodě
- 1/8 lžičky soli
- 2 šálky hrubého bulguru
- 1 (15 uncí) plechovka cizrny, okapaná a propláchnutá

Indikace:

V hrnci se silným dnem na středním ohni rozehřejte olivový olej. Osmahneme cibuli, přidáme rajčata i se šťávou a vaříme 5 minut.

Vmíchejte rajčatový protlak, vodu, harissu a sůl. Přiveďte k varu.

Přidejte bulgur a cizrnu. Směs přivedeme zpět k varu. Snižte teplotu a vařte 15 minut. Před podáváním nechte 15 minut odpočinout.

Výživa (na 100 g): 413 kalorií 19 g tuků 55 g sacharidů 14 g bílkovin 728 mg sodíku

Makarony Z Makrely

Doba přípravy: 10 minut

Čas na vaření: 15 minut

Porce: 4

Úroveň obtížnosti: snadná

Ingredience:

- 12 oz makaronů
- 1 stroužek česneku
- 14 uncí rajčatové omáčky
- 1 snítka nasekané petrželky
- 2 čerstvé chilli papričky
- 1 lžička soli
- 200 g makrely v oleji
- 3 lžíce extra panenského olivového oleje

Indikace:

Začněte tím, že do hrnce dáte vařit vodu. Zatímco se voda zahřívá, vezměte pánev, zalijte kapkou oleje a trochou česneku a vařte na mírném ohni. Jakmile je česnek uvařený, vyjměte ho z pánve.

Chilli papričku nakrájíme, odstraníme vnitřní semínka a nakrájíme na tenké proužky.

Přidejte vodu z vaření a chilli papričku do stejné pánve jako předtím. Poté vezměte makrelu a po scezení oleje a jeho oddělení vidličkou ji vložte do pánve s ostatními ingrediencemi. Lehce ji osmahněte přidáním trochy vody z vaření.

Když jsou všechny ingredience dobře zapracované, přidejte do pánve rajčatový protlak. Dobře promíchejte, aby se všechny ingredience srovnaly a vařte asi 3 minuty.

Pojďme k těstovinám:

Když se voda začne vařit, přidejte sůl a těstoviny. Jakmile jsou makarony mírně al dente, sceďte je a přidejte je do omáčky, kterou jste si připravili.

V omáčce chvíli smažte a po ochutnání dosolte a opepřete podle chuti.

Výživa (na 100 g): 510 kalorií 15,4 g tuku 70 g sacharidů 22,9 g bílkovin 730 mg sodíku

Makarony S Cherry Rajčátky A Ančovičkami

Doba přípravy: 10 minut

Čas na vaření: 15 minut

Porce: 4

Úroveň obtížnosti: snadná

Ingredience:

- 14 oz makaronové těstoviny
- 6 solených ančoviček
- 4 oz cherry rajčata
- 1 stroužek česneku
- 3 lžíce extra panenského olivového oleje
- Čerstvé chilli papričky podle chuti
- 3 lístky bazalky
- Sůl podle chuti

Indikace:

Začněte tím, že ohřejete vodu v hrnci a až se vaří, přidejte sůl. Mezitím si připravte omáčku: omytá rajčata vezměte a nakrájejte na 4 kusy.

Nyní vezměte nepřilnavou pánev, pokapejte ji kapkou oleje a vhoďte stroužek česneku. Jakmile je uvařená, vyjměte ji z pánve. Do pánve přidejte očištěné ančovičky a rozpusťte je v oleji.

Když jsou ančovičky dobře rozpuštěné, přidejte nakrájená rajčata a zvyšte plamen na vysokou teplotu, dokud nezačnou měknout (pozor, aby nebyly příliš měkké).

Přidejte nakrájené chilli papričky bez semínek a okořeňte.

Těstoviny přendejte do hrnce s vroucí vodou, slijte je al dente a na pánvi je několik sekund orestujte.

Výživa (na 100 g): 476 kalorií 11 g tuku 81,4 g sacharidů 12,9 g bílkovin 763 mg sodíku

Rizoto s citronem a krevetami

Doba přípravy: 10 minut

Čas na vaření: 30 minut

Porce: 4

Úroveň obtížnosti: snadná

Ingredience:

- 1 citron
- 14 uncí loupaných krevet
- 1 ¾ šálku rizoto rýže
- 1 bílá cibule
- 33 fl. 1 litr zeleninového vývaru (stačí i méně)
- 2 a půl lžíce másla
- ½ sklenky bílého vína
- Sůl podle chuti
- Černý pepř podle chuti
- Pažitka podle chuti

Indikace:

Začněte tím, že krevety povaříte 3–4 minuty v osolené vodě, scedíte a odstavíte.

Cibuli oloupeme a nakrájíme nadrobno, zpěníme na rozpuštěném másle a jakmile máslo zaschne, na pánvi pár minut opékáme rýži.

Rýži rozlijte půl sklenicí bílého vína, poté přidejte šťávu z 1 citronu. Promíchejte a dovařte rýži tak, že budete podle potřeby dále přilévat lžíci zeleninového vývaru.

Dobře promíchejte a několik minut před koncem vaření přidejte dříve uvařené krevety (některé si nechte stranou na ozdobu) a trochu černého pepře.

Jakmile oheň vypnete, přidejte kousek másla a promíchejte. Rizoto je připraveno k podávání. Ozdobte zbylými krevetami a posypte pažitkou.

Výživa (na 100 g): 510 kalorií 10 g tuku 82,4 g sacharidů 20,6 g bílkovin 875 mg sodíku

Špagety se škeblemi

Doba přípravy: 10 minut

Čas na vaření: 40 minut

Porce: 4

Úroveň obtížnosti: snadná

Ingredience:

- 11,5 oz špagety
- 2 libry škeblí
- 7 uncí rajčatové omáčky nebo rajčatové dřeně pro červenou verzi tohoto jídla
- 2 stroužky česneku
- 4 lžíce extra panenského olivového oleje
- 1 sklenice suchého bílého vína
- 1 lžíce jemně nasekané petrželky
- 1 chilli

Indikace:

Začněte omytím škeblí: škeble nikdy „neoplachujte" – otvírejte je pouze za použití tepla, jinak se jejich drahocenná vnitřní tekutina ztratí spolu s případným pískem. Škeble rychle omyjte pomocí cedníku umístěného v salátové míse: tím se přefiltruje písek na skořápkách.

Poté okapané škeble ihned dejte do hrnce s pokličkou na vysoký oheň. Čas od času je otočte a až budou téměř všechny otevřené, stáhněte je z ohně. Škeble, které zůstanou zavřené, jsou mrtvé a musí být vyřazeny. Z otevřených měkkýšů vyjměte, trochu si nechte v celku na ozdobu pokrmů. Na dně pánve sceďte zbývající tekutinu a dejte stranou.

Vezměte velkou pánev a nalijte do ní trochu oleje. Zahřejte celou papriku a jeden nebo dva prolisované stroužky česneku na velmi mírném ohni, dokud stroužky nezežloutnou. Přidejte škeble a dochuťte suchým bílým vínem.

Nyní přidejte předem filtrovanou tekutinu ze škeblí a trochu jemně nasekané petrželky.

Sceďte a po uvaření ve velkém množství osolené vody špagety na pánvi poduste al dente. Dobře promíchejte, dokud špagety nevsáknou všechnu tekutinu z škeblí. Pokud jste nepoužili chilli papričku, doplňte ji lehkým posypem bílého nebo černého pepře.

Výživa (na 100 g): 167 kalorií 8 g tuku 8,63 g sacharidů 5 g bílkovin 720 mg sodíku

Řecká rybí polévka

Doba přípravy: 10 minut

Čas na vaření: 60 minut

Porce: 4

Úroveň obtížnosti: snadná

Ingredience:

- Štikozubec nebo jiná bílá ryba
- 4 brambory
- 4 malé cibule
- 2 mrkve
- 2 stonky celeru
- 2 rajčata
- 4 lžíce extra panenského olivového oleje
- 2 vejce
- 1 citron
- 1 šálek rýže
- Sůl podle chuti

Indikace:

Vyberte si rybu o hmotnosti ne více než 2,2 libry, odstraňte šupiny, žábry a vnitřnosti a dobře ji omyjte. Osolte a dejte stranou.

Brambory, mrkev a cibuli omyjeme a celé je dáme do hrnce s dostatečným množstvím vody, aby změkly, a poté přiveďte k varu.

Přidáme celer ještě svázaný ve svazcích, aby se při vaření nerozsypal, rajčata nakrájíme na čtyři části a ty přidáme také spolu s olejem a solí.

Když je zelenina téměř uvařená, přidejte další vodu a ryby. Vařte 20 minut a poté vyjměte z vývaru spolu se zeleninou.

Rybu naaranžujte na míse se zeleninou a sceďte vývar. Dejte vývar zpět na oheň, zřeďte ho trochou vody. Jakmile se vaří, přidejte rýži a dochuťte solí. Jakmile je rýže uvařená, sundejte hrnec z plotny.

Připravte omáčku avgolemono:

Vejce dobře rozšlehejte a pomalu přidávejte citronovou šťávu. Do naběračky dejte trochu vývaru a za stálého míchání pomalu přilévejte do vajec.

Nakonec přidejte získanou omáčku do polévky a dobře promíchejte.

Výživa (na 100 g): 263 kalorií 17,1 g tuku 18,6 g sacharidů 9 g bílkovin 823 mg sodíku

Venušina rýže s krevetami

Doba přípravy: 10 minut

Čas na vaření: 55 minut

Porce: 3

Úroveň obtížnosti: snadná

Ingredience:

- 1 ½ šálku černé rýže Venere (nejlépe blanšírované)
- 5 lžic extra panenského olivového oleje
- 10,5 oz krevety
- 10,5 unce cukety
- 1 citron (šťáva a kůra)
- Stolní sůl podle chuti
- Černý pepř podle chuti
- 1 stroužek česneku
- Tabasco podle chuti

Indikace:

Začněme rýží:

Po naplnění kastrůlku velkým množstvím vody a přivedení k varu přidejte rýži, osolte a vařte nezbytně dlouhou dobu (podívejte se na návod k vaření na obalu).

Mezitím si nastrouhejte cukety struhadlem s velkými otvory. Na pánvi rozehřejte olivový olej s oloupaným stroužkem česneku, přidejte nastrouhané cukety, osolte, opepřete a vařte 5 minut, vyjměte stroužek česneku a zeleninu dejte stranou.

Nyní očistěte krevety:

Odstraňte skořápku, odřízněte ocas, podélně je rozpůlte a odstraňte z nich vnitřnosti (tmavá nit na hřbetě). Očištěné krevety dejte do mísy a pokapejte olivovým olejem; dodejte mu extra chuť přidáním citronové kůry, soli a pepře a přidáním několika kapek Tabasca, je-li to žádoucí.

Zahřejte krevety na horké pánvi po dobu několika minut. Po uvaření odstavte.

Jakmile je rýže Venere hotová, sceďte ji do mísy, přidejte cuketovou směs a promíchejte.

Výživa (na 100 g): 293 kalorií 5 g tuků 52 g sacharidů 10 g bílkovin 655 mg sodíku

Losos Pennette a vodka

Doba přípravy: 10 minut

Čas na vaření: 18 minut

Porce: 4

Úroveň obtížnosti: snadná

Ingredience:

- Penne Rigate 14 oz
- 7 uncí uzeného lososa
- 1,2 oz šalotky
- 1,35 fl. unce (40 ml) vodky
- 150 g cherry rajčat
- 200 g tekuté čerstvé smetany (na lehčí pokrm doporučuji rostlinnou)
- Pažitka podle chuti
- 3 lžíce extra panenského olivového oleje
- Sůl podle chuti
- Černý pepř podle chuti
- bazalka podle chuti (na ozdobu)

Indikace:

Rajčata a pažitku omyjeme a nakrájíme. Po oloupání šalotku nasekejte nožem, vložte do hrnce a nechte několik sekund marinovat v extra panenském olivovém oleji.

Mezitím si nakrájíme lososa na nudličky a orestujeme ho spolu s olejem a šalotkou.

Vše smíchejte s vodkou, buďte opatrní, protože by se mohla vytvořit světlice (pokud by se plamen vyšvihl, nebojte se, slábne, jakmile se alkohol úplně odpaří). Přidejte dužinu z rajčat a přidejte špetku soli a pokud chcete, trochu pepře. Nakonec přidáme smetanu a nasekanou pažitku.

Zatímco se omáčka vaří, připravte si těstoviny. Jakmile se voda vaří, přidejte Pennette a nechte je vařit al dente.

Těstoviny sceďte a Pennette nalijte do omáčky a nechte je chvíli povařit, aby absorbovaly všechnu chuť. Pokud chcete, ozdobte lístkem bazalky.

Výživa (na 100 g): 620 kalorií 21,9 g tuku 81,7 g sacharidů 24 g bílkovin 326 mg sodíku

Mořské plody carbonara

Doba přípravy: 15 minut

Čas na vaření: 50 minut

Porce: 3

Úroveň obtížnosti: snadná

Ingredience:

- 11,5 oz špagety
- 3,5 unce tuňáka
- 3,5 unce mečouna
- 3,5 unce lososa
- 6 žloutků
- 4 lžíce parmazánu (Parmigiano Reggiano)
- 2 fl. unce (60 ml) bílého vína
- 1 stroužek česneku
- Extra panenský olivový olej dle chuti
- Stolní sůl podle chuti
- Černý pepř podle chuti

Indikace:

V hrnci si připravíme vroucí vodu a mírně osolíme.

Mezitím si do mísy nalijeme 6 žloutků a přidáme nastrouhaný parmazán, pepř a sůl. Rozšleháme metličkou a zředíme trochou vařící vody z rendlíku.

Lososa zbavte kostí, mečouna šupiny a postupujte tak, že tuňáka, lososa a mečouna nakrájíte na kostičky.

Jakmile se rozvaří, okořeníme těstoviny a uvaříme je mírně al dente.

Mezitím na velké pánvi rozehřejte kapku oleje, přidejte celý oloupaný stroužek česneku. Jakmile je olej horký, přidejte kostky ryby a opékejte je na vysoké teplotě asi 1 minutu. Odstraňte česnek a přidejte bílé víno.

Jakmile se alkohol odpaří, vyjměte rybí kostky a snižte plamen. Jakmile jsou špagety hotové, přidejte je do pánve a za stálého míchání je asi minutu opékejte a v případě potřeby přilévejte vodu z vaření.

Vlijte žloutkovou směs a kostky ryby. Dobře promíchejte. Sloužit.

Výživa (na 100 g): 375 kalorií 17 g tuku 41,40 g sacharidů 14 g bílkovin 755 mg sodíku

Garganelli s cuketou a krevetovým pestem

Doba přípravy: 10 minut

Čas na vaření: 30 minut

Porce: 4

Stupeň obtížnosti: střední

Ingredience:

- 300 g Garganelli s vejcem
- Na cuketové pesto:
- 7 uncí cukety
- 1 šálek piniových oříšků
- 8 lžic (0,35 unce) bazalky
- 1 lžička kuchyňské soli
- 9 lžic extra panenského olivového oleje
- 2 lžíce parmazánu nastrouhat
- 1 oz pecorino na strouhání
- Na restované krevety:
- 8,8 oz krevety
- 1 stroužek česneku
- 7 lžiček extra panenského olivového oleje
- Špetka soli

Indikace:

Začněte přípravou pesta:

Po umytí cukety nastrouháme, dáme do cedníku (aby ztratily trochu přebytečné tekutiny) a lehce osolíme. Do mixéru vložte piniové oříšky, cuketu a lístky bazalky. Přidejte nastrouhaný parmazán, pecorino a extra panenský olivový olej.

Vše mixujte, dokud nevznikne krémová směs, přidejte špetku soli a odstavte.

Přepněte na krevety:

Nejprve vyjměte střevo tak, že zadní část krevety naříznete nožem po celé délce a špičkou nože odstraníte černou nit uvnitř.

Uvařte stroužek česneku na nepřilnavé pánvi s extra panenským olivovým olejem. Až zezlátne, vyjmeme česnek a přidáme krevety. Opékejte je asi 5 minut na středním plameni, dokud na vnější straně neuvidíte křupavou kůrku.

Poté dejte vařit hrnec s osolenou vodou a uvařte garganelli. Pár lžic vařící vody si dejte stranou a těstoviny sceďte al dente.

Vložte Garganelli do pánve, kde jste vařili krevety. Minutu společně povařte, přidejte lžíci vařící vody a nakonec přidejte cuketové pesto.

Vše dobře promícháme, aby se těstoviny spojily s omáčkou.

Výživa (na 100 g): 776 kalorií 46 g tuku 68 g sacharidů 22,5 g bílkovin 835 mg sodíku

Lososová rýže

Doba přípravy: 10 minut

Čas na vaření: 30 minut

Porce: 4

Stupeň obtížnosti: střední

Ingredience:

- 1 šálek (12,3 unce) rýže
- 8,8 unce steaků z lososa
- 1 pórek
- Extra panenský olivový olej dle chuti
- 1 stroužek česneku
- ½ sklenky bílého vína
- 3 ½ lžíce nastrouhaného Grana Padano
- Sůl podle chuti
- Černý pepř podle chuti
- 17 fl. oz (500 ml) Rybí vývar
- 1 šálek másla

Indikace:

Začněte tím, že lososa očistíte a nakrájíte na malé kousky. Na pánvi svařte 1 lžíci oleje s celým stroužkem česneku a 2/3 minuty lososa opékejte, osolte a dejte lososa stranou, česnek odstraňte.

Nyní začněte připravovat rizoto:

Pórek nakrájíme na velmi malé kousky a na mírném ohni opečeme na pánvi se dvěma lžícemi oleje. Přidejte rýži a několik sekund ji vařte na středně vysokém ohni za míchání dřevěnou lžící.

Zalijte bílým vínem a pokračujte ve vaření za občasného míchání, snažte se, aby se rýže nepřilepila na pánev, a postupně přilévejte vývar (zeleninový nebo rybí).

V polovině vaření přidejte lososa, máslo a v případě potřeby špetku soli. Když je rýže dobře uvařená, stáhněte ji z plotny. Smíchejte s několika lžícemi nastrouhaného Grana Padano a podávejte.

Výživa (na 100 g):521 kalorií 13 g tuku 82 g sacharidů 19 g bílkovin 839 mg sodíku

Těstoviny s cherry rajčaty a ančovičkami

Doba přípravy: 15 minut

Čas na vaření: 35 minut

Porce: 4

Úroveň obtížnosti: snadná

Ingredience:

- 10,5 oz špagety
- 1,3 lb cherry rajčat
- 9 uncí ančovičky (předčištěné)
- 2 lžíce kapar
- 1 stroužek česneku
- 1 malá červená cibule
- Petržel podle chuti
- Extra panenský olivový olej dle chuti
- Stolní sůl podle chuti
- Černý pepř podle chuti
- Černé olivy podle chuti

Indikace:

Stroužek česneku nakrájíme na tenké plátky.

Nakrájejte rajčata na dvě části. Cibuli oloupeme a nakrájíme nadrobno.

Do kastrolu dáme kapku oleje s česnekem a nakrájenou cibulí. Vše zahřívejte na středním ohni po dobu 5 minut; občas promíchejte.

Jakmile je vše dobře ochucené, přidejte cherry rajčata a špetku soli a pepře. Vařte 15 minut. Mezitím dejte na sporák hrnec s vodou a jakmile se vaří, přidejte sůl a těstoviny.

Když je omáčka téměř hotová, přidejte ančovičky a několik minut vařte. Jemně promíchejte.

Vypněte oheň, nasekejte petrželku a vložte ji do pánve.

Po uvaření těstoviny scedíme a přidáme přímo do omáčky. Znovu zapněte ohřev na několik sekund.

Výživa (na 100 g): 446 kalorií 10 g tuku 66,1 g sacharidů 22,8 g bílkovin 934 mg sodíku

Orecchiette Brokolice A Klobása

Doba přípravy: 10 minut

Čas na vaření: 32 minut

Porce: 4

Stupeň obtížnosti: střední

Ingredience:

- 11,5 unce orecchiette
- 10,5 brokolice
- 10,5 unce klobásy
- 1,35 fl. unce (40 ml) bílého vína
- 1 stroužek česneku
- 2 snítky tymiánu
- 7 lžiček extra panenského olivového oleje
- Černý pepř podle chuti
- Stolní sůl podle chuti

Indikace:

Hrnec uvařte plnou vodou a solí. Růžičky brokolice odstraňte ze stonku a rozkrojte je na polovinu nebo na 4 části, pokud jsou příliš velké; poté je vložte do vroucí vody, hrnec přikryjte a vařte 6-7 minut.

Mezitím nadrobno nasekejte tymián a dejte stranou. Z klobásy odstraňte střívka a pomocí vidličky ji jemně rozmačkejte.

Stroužek česneku orestujte na kapce oleje a přidejte klobásu. Po několika sekundách přidejte tymián a trochu bílého vína.

Uvařenou brokolici vyjměte pomocí děrované lžíce, aniž byste vylévali vodu z vaření a po troškách ji přidávejte k masu. Vše vařte 3-4 minuty. Odstraňte česnek a přidejte špetku černého pepře.

Vodu, ve které jste vařili brokolici, nechte přejít varem, poté přidejte těstoviny a nechte vařit. Jakmile jsou těstoviny uvařené, sceďte je děrovanou lžící a přendejte přímo na omáčku z brokolice a klobásy. Poté dobře promíchejte, přidejte černý pepř a vše opékejte na pánvi několik minut.

Výživa (na 100 g): 683 kalorií 36 g tuku 69,6 g sacharidů 20 g bílkovin 733 mg sodíku

Rizoto radicchio A Uzená Slanina

Doba přípravy: 10 minut

Čas na vaření: 30 minut

Porce: 3

Stupeň obtížnosti: střední

Ingredience:

- 1 1/2 šálku rýže
- 14 oz čekanky
- 5,3 unce uzené slaniny
- 34 fl. oz (1l) Zeleninový vývar
- 3,4 fl. oz (100 ml) červeného vína
- 7 lžiček extra panenského olivového oleje
- 1,7 oz šalotky
- Stolní sůl podle chuti
- Černý pepř podle chuti
- 3 snítky tymiánu

Indikace:

Začneme přípravou zeleninového vývaru.

Začněte s čekankou: překrojte ji na polovinu a odstraňte střední část (bílou část). Nakrájejte ho na nudličky, dobře opláchněte a dejte stranou. Uzenou slaninu také nakrájíme na nudličky.

Šalotku nakrájíme nadrobno a dáme na pánev s kapkou oleje. Na středním plameni přivedeme k varu, přidáme naběračku vývaru, poté přidáme slaninu a osmahneme ji.

Asi po 2 minutách přidejte rýži a za častého míchání ji opékejte. V tuto chvíli nalijte červené víno na vysoký oheň.

Jakmile se všechen alkohol odpaří, pokračujte ve vaření přidáváním naběračky vývaru. Nechte předchozí oschnout, než přidáte další, dokud nebude úplně uvařená. Přidejte sůl a černý pepř (záleží na tom, kolik se rozhodnete přidat).

Na konci vaření přidejte proužky čekanky. Dobře je promíchejte, dokud se nesmíchají s rýží, ale bez vaření. Přidejte nasekaný tymián.

Výživa (na 100 g): 482 kalorií 17,5 g tuku 68,1 g sacharidů 13 g bílkovin 725 mg sodíku

Těstoviny Alla Genovese

Doba přípravy: 10 minut

Čas na vaření: 25 minut

Porce: 3

Stupeň obtížnosti: střední

Ingredience:

- 11,5 unce Ziti
- 1 libra hovězího masa
- 2,2 libry hnědé cibule
- 2 oz celer
- 2 oz mrkev
- 1 snítka petrželky
- 3,4 fl. unce (100 ml) bílého vína
- Extra panenský olivový olej dle chuti
- Stolní sůl podle chuti
- Černý pepř podle chuti
- Parmazán podle chuti

Indikace:

Pro přípravu těstovin začněte:

Cibuli a mrkev oloupeme a nakrájíme nadrobno. Poté celer omyjte a nakrájejte nadrobno (listy, které je také nutné nakrájet a dát stranou), nevyhazujte. Poté přejděte k masu, odstraňte přebytečný tuk a nakrájejte ho na 5/6 velkých kusů. Nakonec listy celeru a snítku petržele svažte kuchyňským provázkem, abyste vytvořili voňavý trs.

Nalijte hodně oleje do velké pánve. Přidejte cibuli, celer a mrkev (které jste dříve odložili stranou) a několik minut restujte.

Poté přidejte kousky masa, špetku soli a bouquet garni. Promíchejte a několik minut vařte. Poté snižte teplotu a přikryjte pokličkou.

Vařte alespoň 3 hodiny (nepřidávejte vodu ani vývar, cibule pustí veškerou tekutinu potřebnou, aby dno pánve nevyschlo). Čas od času vše zkontrolujte a promíchejte.

Po 3 hodinách vaření vyjmeme svazek aromatických bylinek, mírně zvýšíme teplotu, přidáme část vína a promícháme.

Maso vařte bez pokličky asi hodinu, často míchejte a přilévejte víno, když dno pánve vyschne.

V tuto chvíli vezměte kus masa, nakrájejte ho na prkénko na plátky a dejte stranou. Ziti nakrájíme a uvaříme ve vroucí osolené vodě.

Po uvaření scedíme a vrátíme do pánve. Přilijte pár lžic vody na vaření a promíchejte. Uspořádejte na mísu a posypte trochou omáčky a rozdrobeným masem (to, které jste odložili v kroku 7). Podle chuti přidáme pepř a nastrouhaný parmazán.

Výživa (na 100 g): 450 kalorií 8g Tuky 80g Sacharidy 14,5g Bílkoviny 816mg Sodík

Neapolské květákové těstoviny

Doba přípravy: 15 minut
Čas na vaření: 35 minut
Porce: 3
Stupeň obtížnosti: střední

Ingredience:

- 10,5 oz těstoviny
- 1 květák
- 3,4 fl. 100 ml rajčatového protlaku
- 1 stroužek česneku
- 1 chilli
- 3 lžíce extra panenského olivového oleje (nebo lžičky)
- Sůl podle chuti
- Pepř podle potřeby

Indikace:

Květák dobře očistěte: odstraňte vnější listy a stopku. Nakrájejte ho na malé květy.

Stroužek česneku oloupeme, nasekáme a orestujeme v hrnci s olejem a chilli papričkou.

Přidejte rajčatový protlak a růžičky květáku a nechte je pár minut na mírném ohni osmahnout, poté podlijte několika naběračkami vody a vařte 15–20 minut nebo alespoň dokud květák nezačne být krémový.

Pokud vidíte, že je dno pánve příliš suché, přidejte tolik vody, kolik je potřeba, aby směs zůstala tekutá.

V tuto chvíli květák podlijeme horkou vodou a jakmile se uvaří, přidáme těstoviny.

Dochuťte solí a pepřem.

Výživa (na 100 g): 458 kalorií 18 g tuků 65 g sacharidů 9 g bílkovin 746 mg sodíku

Těstoviny a fazole Pomeranč a fenykl

Doba přípravy: 10 minut
Čas na vaření: 30 minut
Porce: 5
Úroveň obtížnosti: obtížnost

Ingredience:

- Extra panenský olivový olej - 1 polévková lžíce. plus extra na porci
- Slanina - 2 oz, jemně nasekaná
- Cibule - 1, jemně nakrájená
- Fenykl - 1 bulva, stonky vyhoďte, bulva rozpůlená, zbavená jádřinců a nakrájená nadrobno
- Celer - 1 žebro, nakrájené
- Česnek - 2 stroužky, mletý
- Filety sardele - 3, opláchnuté a nakrájené
- Nakrájené čerstvé oregano - 1 polévková lžíce.
- Strouhaná pomerančová kůra - 2 lžičky.
- Semena fenyklu - ½ lžičky.
- Vločky červené papriky - ¼ lžičky.
- Nakrájená rajčata - 1 plechovka (28 oz)
- Parmezán - 1 kůra a více na podávání
- Cannellini fazole - 1 plechovka (7 oz), opláchnuté
- Kuřecí vývar - 2 1/2 šálky
- Voda - 2 1/2 šálky

- Sůl a pepř
- Ječmen - 1 šálek
- Nasekaná čerstvá petržel - ¼ šálku

Indikace:

Zahřejte olej v holandské troubě na střední teplotu. Přidejte slaninu. Za stálého míchání smažte 3–5 minut nebo dokud nezačnou hnědnout. Vmíchejte celer, fenykl a cibuli a za stálého míchání opékejte do změknutí, asi 5-7 minut.

Smíchejte vločky pepře, fenyklová semínka, pomerančovou kůru, oregano, ančovičky a česnek. Vařte 1 minutu. Smíchejte rajčata a jejich šťávu. Smíchejte parmazánovou kůru a fazole.

Přiveďte k varu a vařte 10 minut. Smíchejte vodu, vývar a 1 lžičku. sůl. Přiveďte k varu na vysoké teplotě. Těstoviny promícháme a uvaříme al dente.

Sundejte z plotny a vyhoďte parmazánovou kůru.

Vmícháme petrželku a dochutíme solí a pepřem podle chuti. Zalijeme trochou olivového oleje a pokapeme strouhaným parmazánem. Sloužit.

Výživa (na 100 g): 502 kalorií 8,8 g tuku 72,2 g sacharidů 34,9 g bílkovin 693 mg sodíku

Citronové špagety

Doba přípravy: 10 minut
Čas na vaření: 15 minut
Porce: 6
Úroveň obtížnosti: snadná

Ingredience:

- Extra panenský olivový olej - ½ šálku
- Strouhaná citronová kůra - 2 lžičky.
- Citronová šťáva - 1/3 šálku
- Česnek - 1 stroužek, mletý na paštiku
- Sůl a pepř
- Parmazán - 2 oz, strouhaný
- Špagety - 1 lb
- Nakrájená čerstvá bazalka - 6 lžic.

Indikace:

V míse prošlehejte česnek, olej, citronovou kůru, šťávu, ½ lžičky. sůl a ¼ lžičky. Pepř. Přidejte parmazán a míchejte, dokud nebude krémová.

Mezitím si uvařte těstoviny podle návodu na obalu. Sceďte a dejte stranou ½ šálku vařící vody. Přidejte směs oleje a bazalky k těstovinám a promíchejte, aby se spojily. Dobře osolte a podle potřeby přidejte vodu z vaření. Sloužit.

Výživa (na 100 g): 398 kalorií 20,7 g tuku 42,5 g sacharidů 11,9 g bílkovin 844 mg sodíku

Kořeněný zeleninový kuskus

Doba přípravy: 10 minut
Čas na vaření: 20 minut
Porce: 6
Úroveň obtížnosti: obtížná

Ingredience:

- Květák - 1 hlava, nakrájená na 1-palcové růžičky
- Extra panenský olivový olej - 6 lžic. plus extra na porci
- Sůl a pepř
- Kuskus - 1 1/2 šálku
- Cuketa - 1, nakrájená na ½-palcové kousky
- Červená paprika - 1, odstopkovaná, zbavená semínek a nakrájená na ½-palcové kousky
- Česnek - 4 stroužky, mletý
- Ras el hanout - 2 lžičky.
- Strouhaná citronová kůra - 1 lžička. další plátky citronu k podávání
- Kuřecí vývar - 1 3/4 šálku
- Nakrájená čerstvá majoránka - 1 polévková lžíce.

Indikace:

V pánvi zahřejte 2 polévkové lžíce. oleje na středním plameni. Přidejte květák, ¾ lžičky. sůl a ½ lžičky. Pepř. Směs. Pečte, dokud květy nezhnědnou a okraje jen průsvitné.

Odstraňte poklici a vařte za stálého míchání 10 minut nebo dokud růžičky nezezlátnou. Přendejte do misky a vyčistěte pánev. Zahřejte 2 polévkové lžíce. olej na pánvi.

Přidejte kuskus. Vařte a pokračujte v míchání po dobu 3 až 5 minut, nebo dokud zrna nezačnou hnědnout. Přendejte do misky a vyčistěte pánev. Zahřejte zbývající 3 polévkové lžíce. oleje na pánev a přidejte papriku, cuketu a 1/2 lžičky. sůl. Vařte 8 minut.

Smíchejte citronovou kůru, ras el hanout a česnek. Vařte do voňavé (asi 30 sekund). Vložíme do vývaru a dusíme. Přidejte kuskus. Sundejte z ohně a odstavte do měkka.

Přidejte majoránku a květák; poté jemně rozdmýchejte vidličkou, aby se zapracovala. Pokapejte extra olejem a dobře okořeňte. Podávejte s měsíčky citronu.

Výživa (na 100 g): 787 kalorií 18,3 g tuku 129,6 g sacharidů 24,5 g bílkovin 699 mg sodíku

Kořeněná pečená rýže s fenyklem

Doba přípravy: 10 minut

Čas na vaření: 45 minut

Porce: 8

Stupeň obtížnosti: střední

Ingredience:

- Sladké brambory - 1 1/2 libry, oloupané a nakrájené na 1-palcové kousky
- Extra panenský olivový olej - ¼ šálku
- Sůl a pepř
- Fenykl - 1 žárovka, jemně nasekaná
- Malá cibule - 1, jemně nakrájená
- Dlouhozrnná bílá rýže - 1 1/2 šálku, propláchnutá
- Česnek - 4 stroužky, mletý
- Ras el hanout - 2 lžičky.
- Kuřecí vývar - 2 šálky
- Velké zelené olivy bez pecky ve slaném nálevu - ¾ šálku, půlené
- Nasekaný čerstvý koriandr - 2 polévkové lžíce.
- Limetkové klínky

Indikace:

Umístěte rošt do středu trouby a předehřejte troubu na 400 F. Brambory okořeníme ½ lžičky. sůl a 2 polévkové lžíce. olej.

Uspořádejte brambory v jedné vrstvě na pečicím plechu s okrajem a opékejte 25 až 30 minut nebo do změknutí. V polovině vaření vmícháme brambory.

Vyjměte brambory a snižte teplotu trouby na 350 F. V holandské troubě zahřejte zbývající 2 polévkové lžíce. oleje na středním plameni.

Přidejte cibuli a fenykl; poté vařte 5 až 7 minut nebo do změknutí. Přidejte ras el hanout, česnek a rýži. Za stálého míchání smažte 3 minuty.

Přidejte olivy a vývar a nechte 10 minut odpočinout. Brambory přidejte k rýži a jemně promíchejte vidličkou. Dochuťte solí a pepřem podle chuti. Ozdobte koriandrem a podávejte s měsíčky limetky.

Výživa (na 100 g): 207 kalorií 8,9 g tuku 29,4 g sacharidů 3,9 g bílkovin 711 mg sodíku

Marocký kuskus s cizrnou

Doba přípravy: 5 minut
Čas na vaření: 18 minut
Porce: 6
Stupeň obtížnosti: střední

Ingredience:

- Extra panenský olivový olej - ¼ šálku, extra pro podávání
- Kuskus - 1 1/2 šálku
- Jemně oloupaná a nakrájená mrkev - 2
- Jemně nakrájená cibule - 1
- Sůl a pepř
- Česnek - 3 stroužky, mletý
- Mletý koriandr - 1 lžička.
- Mletý zázvor - lžička.
- Mletý anýz - ¼ lžičky.
- Kuřecí vývar - 1 3/4 šálku
- Cizrna - 1 plechovka (15 oz), propláchnutá
- Mražený hrášek - 1 1/2 šálku
- Nasekaná čerstvá petržel nebo koriandr - ½ šálku
- plátky citronu

Indikace:

Zahřejte 2 polévkové lžíce. olej na pánvi na středním plameni. Vmíchejte kuskus a vařte 3 až 5 minut nebo dokud nezačne hnědnout. Přendejte do misky a vyčistěte pánev.

Zahřejte zbývající 2 polévkové lžíce. olej na pánev a přidejte cibuli, mrkev a 1 lžičku. sůl. Vařte 5-7 minut. Smíchejte anýz, zázvor, koriandr a česnek. Vařte do voňavé (asi 30 sekund).

Smíchejte cizrnu a vývar a přiveďte k varu. Přidejte kuskus a hrášek. Zakryjte a odstraňte z tepla. Odstavte, dokud kuskus nezměkne.

Ke kuskusu přidejte petrželku a promíchejte vidličkou. Pokapejte extra olejem a dobře okořeňte. Podávejte s měsíčky citronu.

Výživa (na 100 g): 649 kalorií 14,2 g tuku 102,8 g sacharidů 30,1 g bílkovin 812 mg sodíku

Vegetariánská paella se zelenými fazolkami a cizrnou

Doba přípravy: 10 minut
Čas na vaření: 35 minut
Porce: 4
Úroveň obtížnosti: snadná

Ingredience:

- Špetka šafránu
- Zeleninový vývar - 3 šálky
- Olivový olej - 1 polévková lžíce.
- Žlutá cibule - 1 velká, nakrájená na kostičky
- Česnek - 4 stroužky, nakrájené na plátky
- Červená paprika - 1, nakrájená na kostičky
- Rajčatová kaše - ¾ šálku, čerstvé nebo konzervované
- Rajčatový protlak - 2 polévkové lžíce.
- pálivá paprika - 1 ½ lžičky.
- Sůl - 1 lžička.
- Čerstvě mletý černý pepř - ½ lžičky.
- Zelené fazolky - 1 1/2 šálku, oloupané a rozpůlené
- Cizrna - 1 plechovka (15 uncí), okapaná a propláchnutá
- Krátkozrnná bílá rýže - 1 šálek
- Citron - 1, nakrájíme na měsíčky

Indikace:

Smíchejte šafránové nitě se 3 polévkovými lžícemi. teplá voda v malé misce. V hrnci přiveďte vodu k varu na středním plameni. Snižte teplotu a nechte vařit.

Na pánvi na středním plameni smažte olej. Vmícháme cibuli a za stálého míchání opékáme 5 minut. Přidejte papriku a česnek a za stálého míchání opékejte 7 minut nebo dokud paprika nezměkne. Vmíchejte směs šafránové vody, soli, pepře, papriky, rajčatového protlaku a rajčat.

Přidejte rýži, cizrnu a zelené fazolky. Vmícháme horký vývar a přivedeme k varu. Snižte teplotu a vařte bez pokličky 20 minut.

Podávejte horké, ozdobené měsíčky citronu.

Výživa (na 100 g): 709 kalorií 12 g tuku 121 g sacharidů 33 g bílkovin 633 mg sodíku

Česnekové krevety s rajčaty a bazalkou

Doba přípravy: 10 minut

Čas na vaření: 10 minut

Porce: 4

Úroveň obtížnosti: snadná

Ingredience:

- Olivový olej - 2 polévkové lžíce.
- Krevety - 1 ¼ lb, oloupané a očištěné
- Česnek - 3 stroužky, mletý
- Drcené vločky červené papriky - 1/8 lžičky.
- Suché bílé víno - ¾ šálku
- Hroznová rajčata - 1 1/2 šálku
- Jemně nakrájená čerstvá bazalka - ¼ šálku, plus více na ozdobu
- Sůl - ¾ lžičky.
- Mletý černý pepř - ½ lžičky.

Indikace:

V pánvi rozehřejte olej na středně vysokou teplotu. Přidejte krevety a vařte 1 minutu nebo dokud nejsou uvařené. Přeneste na talíř.

Vložte vločky červené papriky a česnek do oleje v pánvi a vařte za míchání po dobu 30 sekund. Vmíchejte víno a vařte, dokud se nezredukuje asi na polovinu.

Přidejte rajčata a za stálého míchání opékejte, dokud se rajčata nezačnou rozpadat (asi 3 až 4 minuty). Vmíchejte odložené krevety, sůl, pepř a bazalku. Vařte o 1 až 2 minuty déle.

Podávejte ozdobené zbylou bazalkou.

Výživa (na 100 g): 282 kalorií 10 g tuků 7 g sacharidů 33 g bílkovin 593 mg sodíku

Krevetová paella

Doba přípravy: 10 minut
Čas na vaření: 25 minut
Porce: 4
Stupeň obtížnosti: střední

Ingredience:

- Olivový olej - 2 polévkové lžíce.
- Střední cibule - 1, nakrájená na kostičky
- Červená paprika - 1, nakrájená na kostičky
- Česnek - 3 stroužky, mletý
- Špetka šafránu
- pálivá paprika - ¼ lžičky.
- Sůl - 1 lžička.
- Čerstvě mletý černý pepř - ½ lžičky.
- Kuřecí vývar - 3 šálky, rozdělené
- Krátkozrnná bílá rýže - 1 šálek
- Oloupané a vyloupané velké krevety - 1 lb
- Mražený hrášek - 1 šálek, rozmražený

Indikace:

Na pánvi rozehřejte olivový olej. Vmíchejte cibuli a papriku a za stálého míchání opékejte 6 minut nebo do změknutí. Přidejte sůl, pepř, papriku, šafrán a česnek a promíchejte. Vmíchejte 2 1/2 šálku vývaru a rýži.

Nechte směs vařit a poté vařte, dokud není rýže provařená, asi 12 minut. Na rýži položte krevety a hrášek a přidejte zbývající ½ šálku vývaru.

Nasaďte na pánev víko a vařte, dokud nebudou všechny krevety uvařené (asi 5 minut). Sloužit.

Výživa (na 100 g):409 kalorií 10 g tuku 51 g sacharidů 25 g bílkovin 693 mg sodíku

Čočkový salát s olivami, mátou a sýrem feta

Doba přípravy: 60 minut
Čas na vaření: 60 minut
Porce: 6
Stupeň obtížnosti: střední

Ingredience:

- Sůl a pepř
- Francouzská čočka - 1 šálek, natrhaná a propláchnutá
- Česnek - 5 stroužků, lehce rozdrcený a oloupaný
- Bobkový list - 1
- Extra panenský olivový olej - 5 lžic.
- Bílý vinný ocet - 3 polévkové lžíce.
- Vypeckované olivy Kalamata - ½ šálku, nakrájené
- Nasekaná čerstvá máta - ½ šálku
- Šalotka - 1 velká, nakrájená
- Sýr Feta - 1 oz, rozdrobený

Indikace:

Přidejte 4 šálky teplé vody a 1 lžičku. sůl v misce. Přidáme čočku a necháme 1 hodinu nasáknout při pokojové teplotě. Dobře sceďte.

Umístěte stojan do středu a zahřejte troubu na 325 F. Smíchejte čočku, 4 šálky vody, česnek, bobkový list a 1/2 lžičky. sůl v hrnci.

Přikryjte a vložte kastrol do trouby a pečte 40–60 minut, nebo dokud čočka nezměkne.

Čočku dobře sceďte, odstraňte česnek a bobkový list. Ve velké míse prosejeme olej a ocet. Přidejte šalotku, mátu, olivy a čočku a míchejte, aby se spojily.

Dochuťte solí a pepřem podle chuti. Umístěte úhledně do servírovací misky a navrch dejte fetu. Sloužit.

Výživa (na 100 g): 249 kalorií 14,3 g tuku 22,1 g sacharidů 9,5 g bílkovin 885 mg sodíku

Cizrna s česnekem a petrželkou

Doba přípravy: 5 minut

Čas na vaření: 20 minut

Porce: 6

Stupeň obtížnosti: střední

Ingredience:

- Extra panenský olivový olej - ¼ šálku
- Česnek - 4 stroužky, nakrájené na tenké plátky
- Vločky červené papriky - 1/8 lžičky.
- Cibule - 1, nakrájená
- Sůl a pepř
- Cizrna - 2 plechovky (15 oz), opláchnuté
- Kuřecí vývar - 1 šálek
- Nasekaná čerstvá petržel - 2 polévkové lžíce.
- Citronová šťáva - 2 lžičky.

Indikace:

V pánvi přidejte 3 polévkové lžíce. namažte a vařte česnek a pepřové vločky po dobu 3 minut. Vmíchejte cibuli a ¼ lžičky. osolíme a vaříme 5-7 minut.

Vmícháme cizrnu a vývar a přivedeme k varu. Snižte teplotu a přikryté vařte 7 minut.

Odkryjte a nastavte na vysokou teplotu a vařte 3 minuty, nebo dokud se všechna tekutina neodpaří. Odstavte a vmíchejte citronovou šťávu a petrželku.

Dochuťte solí a pepřem podle chuti. Dochuťte 1 polévkovou lžící. namazat a podávat.

Výživa (na 100 g): 611 kalorií 17,6 g Tuky 89,5 g Sacharidy 28,7 g Bílkoviny 789 mg Sodík

Dušená cizrna s lilkem a rajčaty

Doba přípravy: 10 minut

Čas na vaření: 60 minut

Porce: 6

Úroveň obtížnosti: snadná

Ingredience:

- Extra panenský olivový olej - ¼ šálku
- Cibule - 2, nakrájené
- Zelený pepř - 1, jemně nasekaný
- Sůl a pepř
- Česnek - 3 stroužky, mletý
- Nakrájené čerstvé oregano - 1 polévková lžíce.
- Bobkový list - 2
- Lilek - 1 lb., nakrájený na 1-palcové kousky
- Rajčata celá loupaná - 1, konzerva, okapaná odloženou šťávou, nakrájená
- Cizrna - 2 plechovky (15 oz), scezené 1 šálkem odložené tekutiny

Indikace:

Umístěte rošt do spodní části a troubu zahřejte na 400 F.

Rozehřejte olej v holandské troubě. Přidejte papriku, cibuli, ½ lžičky. sůl a ¼ lžičky. Pepř. Za stálého míchání opékejte 5 minut.

Vmíchejte 1 lžičku. oregano, česnek a bobkový list a vařte 30 sekund. Vmícháme rajčata, lilek, odstavenou šťávu, cizrnu a odloženou tekutinu a přivedeme k varu. Hrnec přendáme do trouby a pečeme odkryté 45 až 60 minut. Dvakrát promíchejte.

Odstraňte bobkové listy. Vmíchejte zbývající 2 lžičky. oregano a dochutíme solí a pepřem. Sloužit.

Výživa (na 100 g): 642 kalorií 17,3 g tuku 93,8 g sacharidů 29,3 g bílkovin 983 mg sodíku

Řecká rýže s citronem

Doba přípravy: 20 minut

Čas na vaření: 45 minut

Porce: 6

Stupeň obtížnosti: střední

Ingredience:

- Dlouhozrnná rýže - 2 šálky, syrová (namočená ve studené vodě po dobu 20 minut, poté scezená)
- Extra panenský olivový olej - 3 polévkové lžíce.
- Žlutá cibule - 1 střední, nakrájená
- Česnek - 1 stroužek, mletý
- Orzo těstoviny - ½ šálku
- Šťáva ze 2 citronů plus kůra z 1 citronu
- Vývar s nízkým obsahem sodíku - 2 šálky
- Špetka soli
- Nasekaná petržel - 1 velká hrst
- Plevel kopr - 1 lžička.

Indikace:

V hrnci zahřejte 3 polévkové lžíce. extra panenský olivový olej. Přidejte cibuli a za stálého míchání smažte 3-4 minuty. Přidejte orzo těstoviny a česnek a promíchejte, aby se spojily.

Poté přidejte rýži na obalení. Přidejte vývar a citronovou šťávu. Přiveďte k varu a snižte plamen. Přikryjte a vařte asi 20 minut.

Odstraňte z tepla. Přikryjte a nechte 10 minut stát. Odkryjte a přidejte citronovou kůru, koprovou bylinku a petržel. Sloužit.

Výživa (na 100 g):145 kalorií 6,9 g Tuky 18,3 g Sacharidy 3,3 g Bílkoviny 893 mg Sodík

Rýže s aromatickými bylinkami

Doba přípravy: 10 minut

Čas na vaření: 30 minut

Porce: 4

Úroveň obtížnosti: snadná

Ingredience:

- Extra panenský olivový olej - ½ šálku, rozdělený
- Velké stroužky česneku - 5, mleté
- Hnědá jasmínová rýže - 2 šálky
- Voda - 4 šálky
- Mořská sůl - 1 lžička.
- Černý pepř - 1 lžička.
- Nasekaná čerstvá pažitka - 3 polévkové lžíce.
- Nasekaná čerstvá petržel - 2 polévkové lžíce.
- Nakrájená čerstvá bazalka - 1 polévková lžíce.

Indikace:

Do hrnce přidejte ¼ šálku olivového oleje, česnek a rýži. Míchejte a zahřívejte na středním plameni. Smíchejte vodu, mořskou sůl a černý pepř. Poté znovu promíchejte.

Přiveďte k varu a snižte plamen. Dusíme odkryté za občasného míchání.

Když se voda téměř vsákne, vmíchejte zbývající ¼ šálku olivového oleje spolu s bazalkou, petrželkou a pažitkou.

Míchejte, dokud se bylinky nezapracují a veškerá voda se nevstřebá.

Výživa (na 100 g): 304 kalorií 25,8 g tuku 19,3 g sacharidů 2 g bílkovin 874 mg sodíku

Středomořský rýžový salát

Doba přípravy: 10 minut
Čas na vaření: 25 minut
Porce: 4
Stupeň obtížnosti: střední

Ingredience:

- Extra panenský olivový olej - ½ šálku, rozdělený
- Dlouhozrnná hnědá rýže - 1 šálek
- Voda - 2 šálky
- Čerstvá citronová šťáva - ¼ šálku
- Stroužek česneku - 1, mletý
- Nasekaný čerstvý rozmarýn - 1 lžička.
- Nasekaná čerstvá máta - 1 lžička.
- Belgická endivie - 3, nakrájená
- Červená paprika - 1 střední, nakrájená
- Skleníková okurka - 1, nakrájená
- Nakrájená celá zelená cibule - ½ šálku
- Nakrájené olivy Kalamata - ½ šálku
- Vločky červené papriky - ¼ lžičky.
- Rozdrobený sýr feta - ¾ šálku
- Mořská sůl a černý pepř

Indikace:

V hrnci na mírném ohni rozehřejte ¼ šálku olivového oleje, rýži a špetku soli. Míchejte, aby se rýže obalila. Přidejte vodu a nechte vařit, dokud se voda nevsákne. Občas zamícháme. Nasypte rýži do velké mísy a nechte vychladnout.

V jiné misce smíchejte zbývající ¼ šálku olivového oleje, vločky červené papriky, olivy, zelenou cibulku, okurku, papriku, endivie, mátu, rozmarýn, česnek a citronovou šťávu.

Do směsi vložíme rýži a promícháme. Jemně vmícháme sýr feta.

Ochutnejte a upravte koření. Sloužit.

Výživa (na 100 g): 415 kalorií 34 g tuků 28,3 g sacharidů 7 g bílkovin 4 755 mg sodíku

Salát z čerstvých fazolí a tuňáka

Doba přípravy: 5 minut

Čas na vaření: 20 minut

Porce: 6

Úroveň obtížnosti: snadná

Ingredience:

- Čerstvé fazole (vyloupané) - 2 šálky
- Bobkový list - 2
- Extra panenský olivový olej - 3 polévkové lžíce.
- Červený vinný ocet - 1 polévková lžíce.
- Sůl a černý pepř
- Nejkvalitnější tuňák - 1 plechovka (6 oz), balený v olivovém oleji
- Solené kapary - 1 polévková lžíce. namočené a vysušené
- Jemně nasekaná plochá listová petržel - 2 polévkové lžíce.
- Červená cibule - 1, nakrájená

Indikace:

V hrnci dejte vařit lehce osolenou vodu. Přidejte fazole a bobkové listy; Poté vařte 15 až 20 minut, nebo dokud fazole nezměknou, ale budou stále pevné. Sceďte, odstraňte aromatické látky a přendejte do mísy.

Fazole ihned ochutíme octem a olejem. Přidejte sůl a černý pepř. Dobře promíchejte a upravte kořením. Tuňáka sceďte a maso z tuňáka vhoďte do fazolového salátu. Přidejte petržel a kapary. Promíchejte a rozsypte na plátky červené cibule. Sloužit.

Výživa (na 100 g): 85 kalorií 7,1 g tuku 4,7 g sacharidů 1,8 g bílkovin 863 mg sodíku

Lahodné kuřecí těstoviny

Doba přípravy: 10 minut
Čas na vaření: 17 minut
Porce: 4
Úroveň obtížnosti: snadná

Ingredience:

- 3 kuřecí prsa bez kůže, kostí, nakrájená na kousky
- 300 g celozrnných těstovin
- 1/2 šálku oliv, nakrájené na plátky
- 1/2 šálku sušených rajčat
- 1 lžíce pečené červené papriky, nakrájené
- 14 oz plechovka rajčat, nakrájená na kostičky
- 2 šálky omáčky marinara
- 1 šálek kuřecího vývaru
- Pepř
- sůl

Indikace:

Do instantního hrnce vložte všechny ingredience kromě celozrnných těstovin.

Zavřete víko a vařte na vysoké teplotě po dobu 12 minut.

Po dokončení nechte tlak přirozeně zmírnit. Odstraňte víko.

Přidejte těstoviny a dobře promíchejte. Znovu uzavřete hrnec a zvolte manuální nastavení a nastavte časovač na 5 minut.

Po dokončení uvolněte tlak po dobu 5 minut, poté uvolněte zbytek pomocí rychloupínáku. Odstraňte víko. Dobře promícháme a podáváme.

Výživa (na 100 g): 615 kalorií 15,4 g tuku 71 g sacharidů 48 g bílkovin 631 mg sodíku

Středomořské tacos

Doba přípravy: 10 minut
Čas na vaření: 14 minut
Porce: 8
Stupeň obtížnosti: střední

Ingredience:

- 1 libra mletého hovězího masa
- 8 uncí sýra čedar, nastrouhaného
- 14 oz plechovka červených fazolí
- 2 unce taco koření
- 16 uncí omáčky
- 2 šálky vody
- 2 šálky hnědé rýže
- Pepř
- sůl

Indikace:

Nastavte Instant Pot na režim restování.

Přidejte hovězí maso do hrnce a opékejte, dokud nezhnědne.

Přidejte vodu, fazole, rýži, taco koření, pepř a sůl a dobře promíchejte.

Nalijte omáčkou. Zavřete víko a vařte na vysoké teplotě po dobu 14 minut.

Po dokončení uvolněte tlak pomocí rychloupínače. Odstraňte víko.

Vmícháme sýr čedar a mícháme, dokud se sýr nerozpustí.

Podávejte a užívejte si.

Výživa (na 100 g): 464 kalorií 15,3 g tuku 48,9 g sacharidů 32,2 g bílkovin 612 mg sodíku

Chutné mac a sýr

Doba přípravy: 10 minut
Čas na vaření: 10 minut
Porce: 6
Úroveň obtížnosti: snadná

Ingredience:

- 500 g celozrnných loketních těstovin
- 4 šálky vody
- 1 šálek nakrájených rajčat
- 1 lžička mletého česneku
- 2 lžíce olivového oleje
- 1/4 šálku zelené cibule, nakrájené
- 1/2 šálku strouhaného parmazánu
- 1/2 šálku nastrouhané mozzarelly
- 1 šálek sýra čedar, nastrouhaný
- 1/4 šálku pyré
- 1 šálek neslazeného mandlového mléka
- 1 šálek marinovaných artyčoků, nakrájených na kostičky
- 1/2 šálku sušených rajčat, nakrájených na plátky
- 1/2 šálku oliv, nakrájené na plátky
- 1 lžička soli

Indikace:

Přidejte těstoviny, vodu, rajčata, česnek, olej a sůl do instantního hrnce a dobře promíchejte. Přikryjte pokličkou a vařte na vysoké teplotě.

Po dokončení uvolněte tlak na několik minut a poté uvolněte zbytek pomocí rychlého vysypání. Odstraňte víko.

Nastavte hrnec do režimu restování. Přidejte zelenou cibulku, parmezán, mozzarellu, sýr čedar, rajčatovou omáčku, mandlové mléko, artyčoky, sušená rajčata a olivy. Dobře promíchejte.

Dobře promíchejte a vařte, dokud se sýr nerozpustí.

Podávejte a užívejte si.

Výživa (na 100 g): 519 kalorií 17,1 g tuku 66,5 g sacharidů 25 g bílkovin 588 mg sodíku

Okurková olivová rýže

Doba přípravy: 10 minut
Čas na vaření: 10 minut
Porce: 8
Stupeň obtížnosti: střední

Ingredience:

- 2 šálky rýže, opláchnuté
- 1/2 šálku vypeckovaných oliv
- 1 šálek nakrájené okurky
- 1 lžíce červeného vinného octa
- 1 lžička nastrouhané citronové kůry
- 1 polévková lžíce čerstvé citronové šťávy
- 2 lžíce olivového oleje
- 2 šálky zeleninového vývaru
- 1/2 lžičky sušeného oregana
- 1 červená paprika, nakrájená
- 1/2 šálku cibule, mleté
- 1 lžíce olivového oleje
- Pepř
- sůl

Indikace:

Přidejte olej do vnitřního hrnce instantního hrnce a nastavte hrnec do režimu restování. Přidejte cibuli a opékejte 3 minuty. Přidejte papriku a oregano a restujte 1 minutu.

Přidejte rýži a vývar a dobře promíchejte. Zavřete víko a vařte na vysoké teplotě po dobu 6 minut. Po dokončení nechte tlak po dobu 10 minut uvolnit a zbytek uvolněte pomocí rychloupínáku. Odstraňte víko.

Přidejte ostatní ingredience a dobře promíchejte, aby se spojily. Ihned podávejte a užijte si to.

Výživa (na 100 g): 229 kalorií 5,1 g tuku 40,2 g sacharidů 4,9 g bílkovin 210 mg sodíku

Aromatické bylinkové rizoto

Doba přípravy: 10 minut
Čas na vaření: 15 minut
Porce: 4
Stupeň obtížnosti: střední

Ingredience:

- 2 šálky rýže
- 2 lžíce strouhaného parmazánu
- 100 g smetany
- 1 lžíce čerstvého oregana, mletého
- 1 lžíce čerstvé bazalky, nasekané
- 1/2 lžíce šalvěje, nasekané
- 1 cibule, nakrájená
- 2 lžíce olivového oleje
- 1 lžička česneku, mletého
- 4 šálky zeleninového vývaru
- Pepř
- sůl

Indikace:

Přidejte olej do vnitřního hrnce Instant Pot a přepněte hrnec do režimu restování. Přidejte česnek a cibuli do vnitřní pánve Instant Pot a stiskněte hrnec do režimu restování. Přidejte česnek a cibuli a opékejte 2-3 minuty.

Přidejte ostatní ingredience kromě parmezánu a smetany a dobře promíchejte. Zavřete víko a vařte na vysoké teplotě po dobu 12 minut.

Po dokončení uvolněte tlak po dobu 10 minut, poté uvolněte zbytek pomocí rychloupínáku. Odstraňte víko. Smíchejte smetanu a sýr a podávejte.

Výživa (na 100 g): 514 kalorií 17,6 g tuku 79,4 g sacharidů 8,8 g bílkovin 488 mg sodíku

Lahodné těstoviny Primavera

Doba přípravy: 10 minut

Čas na vaření: 4 minuty

Porce: 4

Úroveň obtížnosti: snadná

Ingredience:

- 250 g celozrnného penne
- 1 polévková lžíce čerstvé citronové šťávy
- 2 lžíce nasekané čerstvé petrželky
- 1/4 šálku loupaných mandlí
- 1/4 šálku strouhaného parmazánu
- 14 oz plechovka rajčat, nakrájená na kostičky
- 1/2 šálku švestek
- 1/2 šálku cukety, nakrájené
- 1/2 šálku chřestu
- 1/2 šálku mrkve, nakrájené
- 1/2 šálku brokolice, nakrájené
- 1 3/4 šálku zeleninového vývaru
- Pepř
- sůl

Indikace:

Do instantního hrnce přidejte vývar, pars, rajčata, sušené švestky, cuketu, chřest, mrkev a brokolici a dobře promíchejte. Zavřete a vařte na vysoké teplotě 4 minuty. Po dokončení uvolněte tlak pomocí rychloupínače. Sundejte víko. Zbývající ingredience dobře promícháme a podáváme.

Výživa (na 100 g): 303 kalorií 2,6 g tuku 63,5 g sacharidů 12,8 g bílkovin 918 mg sodíku

Pečený pepř těstoviny

Doba přípravy: 10 minut

Čas na vaření: 13 minut

Porce: 6

Stupeň obtížnosti: střední

Ingredience:

- 1 lb. celozrnné těstoviny penne
- 1 lžíce italského koření
- 4 šálky zeleninového vývaru
- 1 lžíce česneku, mletého
- 1/2 cibule, nakrájená
- Pečené červené papriky v 14oz sklenici
- 1 šálek sýra feta, rozdrobený
- 1 lžíce olivového oleje
- Pepř
- sůl

Indikace:

Přidejte pečenou papriku do mixéru a mixujte do hladka. Přidejte olej do vnitřního hrnce Instant Pot a nastavte džbán do režimu restování. Přidejte česnek a cibuli do vnitřní nádoby Instant Pot a restujte. Přidejte česnek a cibuli a opékejte 2-3 minuty.

Přidejte protlak z pečených paprik a 2 minuty restujte.

Přidejte zbývající ingredience kromě fety a dobře promíchejte. Dobře uzavřete a na vysoké teplotě vařte 8 minut. Až budete hotovi, uvolněte tlak přirozeně po dobu 5 minut a poté uvolněte zbytek pomocí rychloupínáku. Odstraňte víko. Posypeme sýrem feta a podáváme.

Výživa (na 100 g): 459 kalorií 10,6 g tuku 68,1 g sacharidů 21,3 g bílkovin 724 mg sodíku

Sýr Bazalka Rajčatová Rýže

Doba přípravy: 10 minut
Čas na vaření: 26 minut
Porce: 8
Stupeň obtížnosti: střední

Ingredience:

- 1 a půl šálku hnědé rýže
- 1 šálek strouhaného parmazánu
- 1/4 šálku čerstvé bazalky, nasekané
- 2 šálky cherry rajčat, rozpůlené
- 250 g rajčatové omáčky
- 1 3/4 šálku zeleninového vývaru
- 1 lžíce česneku, mletého
- 1/2 šálku cibule, nakrájené na kostičky
- 1 lžíce olivového oleje
- Pepř
- sůl

Indikace:

Přidejte olej do vnitřní misky instantního hrnce a hrnec vyberte nad smažením. Vložte česnek a cibuli do vnitřního hrnce instantního hrnce a vložte do pánve. Vmícháme česnek a cibuli a restujeme 4 minuty. Přidejte rýži, rajčatovou omáčku, vývar, pepř a sůl a dobře promíchejte.

Uzavřete a vařte na vysoké teplotě 22 minut.

Po dokončení nechte 10 minut uvolnit tlak a poté uvolněte zbytky pomocí rychloupínače. Odstraňte uzávěr. Přidejte zbývající přísady a promíchejte. Podávejte a užívejte si.

Výživa (na 100 g): 208 kalorií 5,6 g tuku 32,1 g sacharidů 8,3 g bílkovin 863 mg sodíku

Těstoviny s tuňákem

Doba přípravy: 10 minut

Čas na vaření: 8 minut

Porce: 6

Stupeň obtížnosti: střední

Ingredience:

- 10 uncí odkapaného tuňáka
- 15 uncí celozrnných těstovin rotini
- 100 g mozzarelly, nakrájené na kostičky
- 1/2 šálku strouhaného parmazánu
- 1 lžička sušené bazalky
- 14 oz plechovka rajčat
- 4 šálky zeleninového vývaru
- 1 lžíce česneku, mletého
- 8 uncí hub, nakrájených na plátky
- 2 cukety, nakrájené na plátky
- 1 cibule, nakrájená
- 2 lžíce olivového oleje
- Pepř
- sůl

Indikace:

Nalijte olej do vnitřního hrnce Instant Pot a přitlačte hrnec na smaženici. Přidejte houby, cukety a cibuli a opékejte, dokud cibule nezměkne. Přidejte česnek a smažte jednu minutu.

Přidejte těstoviny, bazalku, tuňáka, rajčata a vývar a dobře promíchejte. Uzavřete a vařte na vysoké teplotě po dobu 4 minut. Po dokončení uvolněte tlak po dobu 5 minut a poté uvolněte zbytek pomocí rychlého uvolnění. Odstraňte víko. Přidáme ostatní suroviny a dobře promícháme a podáváme.

Výživa (na 100 g): 346 kalorií 11,9 g tuku 31,3 g sacharidů 6,3 g bílkovin 830 mg sodíku

Smíšené sendviče avokádo a krůtí

Doba přípravy: 5 minut
Čas na vaření: 8 minut
Porce: 2
Úroveň obtížnosti: snadná

Ingredience:

- 2 červené papriky, orestované a nakrájené na proužky
- ¼ lb na tenké plátky nakrájených mesquite uzených krůtích prsou
- 1 šálek celých čerstvých listů špenátu, rozdělených
- 2 plátky provolonu
- 1 lžíce olivového oleje, rozdělená
- 2 rolky ciabatty
- ¼ šálku majonézy
- ½ zralého avokáda

Indikace:

V míse dobře rozmačkejte majonézu a avokádo. Poté předehřejte Panini lis.

Rohlíky rozkrojte napůl a chléb potřete olivovým olejem. Poté plníme náplní, vrstvíme jednu po druhé: sýr provola, krůtí prsa, pečenou papriku, špenátové listy a potřeme avokádovou směsí a přikryjeme druhým plátkem chleba.

Sendvič vložte do Panini lisu a grilujte 5 až 8 minut, dokud se sýr nerozpustí a chléb nebude křupavý a zmačkaný.

Výživa (na 100 g): 546 kalorií 34,8 g tuku 31,9 g sacharidů 27,8 g bílkovin 582 mg sodíku

Kuře s okurkou a mangem

Doba přípravy: 5 minut

Čas na vaření: 20 minut

Porce: 1

Úroveň obtížnosti: obtížná

Ingredience:

- ½ střední okurky podélně rozkrojené
- ½ zralého manga
- 1 lžíce salátového dresinku dle výběru
- 1 celozrnná tortilla
- 1-palcový silný plátek kuřecích prsou asi 6 palců dlouhý
- 2 lžíce oleje na smažení
- 2 lžíce celozrnné mouky
- 2-4 listy salátu
- Sůl a pepř na dochucení

Indikace:

Nakrájejte kuřecí prsa na 1-palcové proužky a vařte pouze 6-palcové proužky. Byly by jako dva proužky kuřete. Uchovávejte zbytky kuřete pro budoucí použití.

Kuře okořeníme pepřem a solí. Okopejte v celozrnné mouce.

Na střední teplotu umístěte malou nepřilnavou pánev a rozehřejte olej. Jakmile je olej horký, přidejte kuřecí nudličky a opékejte dozlatova asi 5 minut z každé strany.

Zatímco se kuře vaří, vložte tortillové zábaly do trouby a pečte 3 až 5 minut. Poté odstavte a přendejte na talíř.

Okurku podélně rozkrojte, použijte pouze ½ a zbylou okurku si nechte. Nakrájenou okurku oloupeme a zbavíme jádřinců. Umístěte dva plátky okurky na tortillu, 1 palec od okraje.

Mango nakrájejte a druhou polovinu si nechte se semínky. Mango bez semínek oloupeme, nakrájíme na nudličky a položíme na okurku na tortille.

Jakmile je kuře uvařené, položte kuře vedle okurky v řadě.

Přidejte list okurky, pokapejte salátovým dresinkem dle výběru.

Tortillu srolujte, podávejte a vychutnávejte.

Výživa (na 100 g): 434 kalorií 10 g tuku 65 g sacharidů 21 g bílkovin 691 mg sodíku

Fattoush - chléb z Blízkého východu

Doba přípravy: 10 minut
Čas na vaření: 15 minut
Porce: 6
Úroveň obtížnosti: obtížná

Ingredience:

- 2 bochníky pita chleba
- 1 polévková lžíce extra panenského olivového oleje
- 1/2 lžičky škumpy, více na později
- Sůl a pepř
- 1 srdce římského salátu
- 1 anglická okurka
- 5 římských rajčat
- 5 zelených cibulí
- 5 ředkviček
- 2 šálky nasekané čerstvé petrželové natě
- 1 šálek nasekaných čerstvých lístků máty
- <u>Kořenící přísady:</u>
- 1 1/2 limetky, šťáva z
- 1/3 šálku extra panenského olívového oleje
- Sůl a pepř
- 1 lžička mletého škumpy
- 1/4 lžičky mleté skořice
- málo 1/4 lžičky mletého nového koření

Indikace:

Pita chléb opékejte v toustovači po dobu 5 minut. A pak nalámejte pita chléb na kousky.

Ve velké pánvi na středním plameni zahřívejte 3 lžíce olivového oleje po dobu 3 minut. Přidejte pita chléb a smažte dozlatova, asi 4 minuty za míchání.

Přidejte sůl, pepř a 1/2 lžičky škumpy. Pita chipsy odstavte z ohně a položte je na savý papír, aby okapaly.

Ve velké salátové míse dobře promíchejte nakrájený salát, okurku, rajčata, zelenou cibulku, nakrájenou ředkvičku, lístky máty a petrželku.

Chcete-li udělat limetkový vinaigrette, prošlehejte všechny ingredience v malé misce.

Zálivku vmícháme do salátu a dobře promícháme. Přidejte pita chléb.

Podávejte a užívejte si.

Výživa (na 100 g): 192 kalorií 13,8 g tuku 16,1 g sacharidů 3,9 g bílkovin 655 mg sodíku

Focaccia z bezlepkového česneku a rajčat

Doba přípravy: 5 minut
Čas na vaření: 20 minut
Porce: 8
Úroveň obtížnosti: obtížná

Ingredience:

- 1 vejce
- ½ lžičky citronové šťávy
- 1 polévková lžíce medu
- 4 lžíce olivového oleje
- Špetka cukru
- 1 ¼ šálku teplé vody
- 1 polévková lžíce aktivního suchého droždí
- 2 lžičky nasekaného rozmarýnu
- 2 lžičky nasekaného tymiánu
- 2 lžičky nasekané bazalky
- 2 stroužky česneku, nasekané
- 1 ¼ lžičky mořské soli
- 2 čajové lžičky xanthanové gumy
- ½ šálku jáhlové mouky
- 1 hrnek bramborového škrobu, ne mouky
- 1 šálek čirokové mouky
- Bezlepková kukuřičná mouka na zaprášení

Indikace:

Na 5 minut troubu zapněte a poté ji vypněte, dvířka trouby nechte zavřená.

Smíchejte teplou vodu a špetku cukru. Přidejte droždí a jemně promíchejte. Nechte působit 7 minut.

Ve velké míse dobře prošlehejte bylinky, česnek, sůl, xanthanovou gumu, škrob a mouku. Jakmile kvásek vzejde, nalijte jej do mísy s moukou. Vyšlehejte vejce, citronovou šťávu, med a olivový olej.

Dobře promíchejte a vložte do dobře vymaštěné čtvercové pánve vysypané maizenou. Navrch dejte čerstvý česnek, další bylinky a nakrájená rajčata. Vložíme do vyhřáté trouby a necháme půl hodiny kynout.

Zapněte troubu na 375oF a po předehřátí po dobu 20 minut. Focaccia je uvařená, když jsou vršky lehce opečené. Ihned vyjměte z trouby a pánev a nechte vychladnout. Mělo by se podávat horké.

Výživa (na 100 g): 251 kalorií 9 g tuku 38,4 g sacharidů 5,4 g bílkovin 366 mg sodíku

Grilovaný burger s houbami

Doba přípravy: 15 minut
Čas na vaření: 10 minut
Porce: 4
Stupeň obtížnosti: střední

Ingredience:

- 2 hlávkový salát, rozpůlený
- 4 plátky červené cibule
- 4 plátky rajčat
- 4 celozrnné housky, opečené
- 2 lžíce olivového oleje
- ¼ lžičky kajenského pepře, volitelné
- 1 stroužek česneku, nasekaný
- 1 polévková lžíce cukru
- ½ šálku vody
- 1/3 šálku balzamikového octa
- 4 velké klobouky portobello houby, asi 5 palců v průměru

Indikace:

Houby zbavte stopek a otřete je vlhkým hadříkem. Přendejte do zapékací mísy žábrami nahoru.

V misce dobře promíchejte olivový olej, kajenský pepř, česnek, cukr, vodu a ocet. Nalijte na houby a marinujte houby v ref alespoň hodinu.

Když se blíží hodina, předehřejte gril na středně vysokou teplotu a namažte rošt.

Houby grilujte pět minut z každé strany nebo dokud nezměknou. Houby namažte marinádou, aby neoschly.

Pro sestavení naaranžujte ½ sendviče na talíř, ozdobte měsíčkem cibule, žampiony, rajčaty a listem salátu. Přikryjeme druhou horní polovinou sendviče. Opakujte postup se zbývajícími ingrediencemi, podávejte a užívejte si.

Výživa (na 100 g): 244 kalorií 9,3 g tuku 32 g sacharidů 8,1 g bílkovin 693 mg sodíku

Středomoří Baba Ghanoush

Doba přípravy: 10 minut
Čas na vaření: 25 minut
Porce: 4
Stupeň obtížnosti: střední

Ingredience:

- 1 cibule česneku
- 1 červená paprika, rozpůlená a zbavená semínek
- 1 lžíce nasekané čerstvé bazalky
- 1 lžíce olivového oleje
- 1 lžička černého pepře
- 2 lilky, nakrájené podélně
- 2 kola focaccia nebo pita
- Šťáva z 1 citronu

Indikace:

Gril potřete sprejem na vaření a předehřejte gril na středně vysokou.

Nakrájejte vršky česneku na plátky a zabalte je do fólie. Vložíme do nejchladnější části grilu a opékáme alespoň 20 minut. Plátky papriky a lilku položte na nejžhavější část grilu. Mřížka pro obě strany.

Jakmile jsou cibule hotové, oloupejte opečené česnekové slupky a oloupaný česnek vložte do kuchyňského robotu. Přidejte olivový olej, pepř, bazalku, citronovou šťávu, grilovanou červenou papriku a grilovaný lilek. Promícháme a nalijeme do mísy.

Chléb grilujte z každé strany alespoň 30 sekund, aby se zahřál. Podávejte chléb s pyré a pochutnávejte si.

Výživa (na 100 g): 231,6 kalorií 4,8 g Tuk 36,3 g Sacharidy 6,3 g Bílkoviny 593 mg Sodík

www.ingramcontent.com/pod-product-compliance
Lightning Source LLC
Chambersburg PA
CBHW071430080526
44587CB00014B/1786